GUY MARÉCHAL

DITES, SI C'ÉTAIT VRAI ?

Courriel : contact@premierepartie.com

Couverture : Caroline Soulères
Composition : Claudia Corbisiero
Dépôt légal : 4e trimestre 2021
ISBN : 978-2-36526-266-8

GUY MARÉCHAL

DITES, SI C'ÉTAIT VRAI ?

EDITIONS
PREMIERE
PARTIE

Dites,
Dites, si c'était vrai
S'il était né vraiment à Bethléem, dans une étable
Dites, si c'était vrai
Si les rois Mages étaient vraiment venus de loin, de fort loin
Pour lui porter l'or, la myrrhe, l'encens
Dites, si c'était vrai
Si c'était vrai tout ce qu'ils ont écrit Luc, Matthieu
Et les deux autres
Dites, si c'était vrai
Si c'était vrai le coup des Noces de Cana
Et le coup de Lazare
Dites, si c'était vrai
Si c'était vrai ce qu'ils racontent les petits enfants
Le soir avant d'aller dormir
Vous savez bien
Quand ils disent Notre Père, quand ils disent Notre Mère
Si c'était vrai tout cela
Je dirais oui
Oh, sûrement je dirais oui
Parce que c'est tellement beau tout cela
Quand on croit que c'est vrai.

Jacques Brel
Poème, 1958

Avant-propos

Commencer un livre par un poème de Jacques Brel, cela peut sembler curieux pour un chrétien ! Brel, le paria, l'anticlérical. Et pourtant, ce poème de Jacques Brel m'a profondément ému. C'est le cri d'un écorché vif, qui, à l'inverse des chroniqueurs d'aujourd'hui, ne craint pas d'avouer son espoir que Dieu est une réalité, que ce monde n'a rien d'absurde. Brel a écrit : « Je crois que Dieu, ce sont les hommes. Et un jour ils sauront ». N'est-ce pas une extraordinaire vérité ? Si les hommes, tous les hommes, aiment, alors nous sommes dans le plan de Dieu. N'oublions pas que le Seigneur a fait l'homme à son image. Et son image, avant et par-dessus tout, c'est l'amour. « Dieu ce sont les hommes ! Et un jour ils sauront. » Certains ont pris Brel pour un athée, un païen. Quelle erreur ! Il y a en lui tant d'espoir simple, comme celui d'un enfant.

Pour les hommes d'aujourd'hui, croire en Dieu est un signe de faiblesse et de peur de la mort, un manque de maturité. Ils oublient que 85 % d'entre eux changent d'avis aux portes de la mort, quand il est trop tard. Certains ont encore plus peur d'être déçus s'ils devaient constater qu'ils se sont trompés. Albert Einstein disait : « Face à une telle harmonie dans le cosmos, que je suis capable d'identifier avec mon esprit humain limité, il y a encore des gens qui disent qu'il n'y a pas de Dieu. Mais ce qui m'énerve vraiment, c'est qu'ils me citent pour soutenir de tels points de vue. » C'est cette harmonie des choses créées qui m'a frappé quand j'étais enfant et que je découvrais les champignons, les animaux, les arbres et toutes les merveilles du monde. Même si mes parents ne croyaient pas en Dieu (ce dont je ne suis absolument pas sûr), j'avais en moi une corde qui vibrait et produisait l'espoir de rencontrer un jour mon Créateur.

Un jour, j'ai osé parler à Dieu : « Si tu me montres que tu existes, je t'ouvrirai les bras. Moi je ne peux que chercher. » J'ai surtout observé la nature et j'ai beaucoup lu. C'est dans le livre de Josué, sixième livre de la Bible, que j'ai été pour la première fois interpellé. Au chapitre 10, lors de la bataille de Gabaon, Josué ordonne au soleil et à la lune d'arrêter leur course pour obtenir la victoire. L'auteur ajoute que pour la première et dernière fois dans l'Histoire du monde, Dieu a accédé au désir d'un homme d'arrêter le temps, et il arrêta le temps presque tout un jour. (Jos 10, 12-27)

Je me suis alors souvenu que dans le deuxième livre des Rois, le roi Ezéchias, atteint d'une maladie mortelle, demande au prophète Esaïe d'intervenir auprès de Dieu pour le guérir et obtenir ainsi un temps de vie plus long. Dieu lui accordera 15 années supplémentaires. Mais Ezéchias demande un signe. Dieu lui demande alors s'il veut qu'Il recule l'ombre ou qu'Il l'avance de 10 degrés. Ezéchias choisit que Dieu la recule. 10 degrés correspondent à 40 minutes. J'ai alors imaginé que 40 minutes plus « presque tout un jour » pouvaient faire 24 heures.

J'ai ensuite consulté le dictionnaire Larousse au mot « calendrier ». À ma grande stupéfaction, je suis tombé sur cette phrase : « Et sur une période de 3 ou 4 000 ans, il y a une erreur inexpliquée de 24 heures ». Pour la première fois, je voyais la Bible et la science se donner la main ! À partir de cette découverte, j'ai recherché Dieu activement. Mais le chemin qui mène à Lui est long, étroit et rocailleux. Ou plutôt, c'est la faiblesse de l'homme qui est grande.

À 18 ans, mon frère m'a un jour annoncé : « J'ai rencontré Jésus ». Je lui ai répondu tout de go : « Tu ne l'as pas invité ? On aurait bu un café ensemble... » Je ne savais pas encore qu'une immense aventure commençait pour moi. J'ai cherché à comprendre pendant 30 ans, pour finalement me convertir à l'âge de 50 ans, le 28 mars 1999 à Shanghai, en Chine, grâce à mon neveu qui voulait devenir pasteur et avec qui j'ai eu de longues conversations.

Dès mon retour de Chine, je me suis imposé de fréquenter régulièrement une église. Je me souviens que j'aspirais à entendre la parole de Dieu et que même les chants, les louanges et l'adoration ne m'intéressaient pas. Une fois de plus, je voulais que tout passe par mon cerveau alors que le Seigneur parlait à mon cœur. Dans les églises pentecôtistes, il est habituel d'entendre des gens parler en langues ou annoncer des prophéties. On a souvent affaire à des farfelus, mais vous découvrirez plus loin que j'ai moi-même reçu des prophéties qui se sont réalisées, dont certaines de façon dramatique ; et elles sont indiscutables.

J'ai connu des problèmes de santé très graves : une opération à cœur ouvert à 40 ans, un coma de 51 jours et une mort cérébrale attestée par les médecins à l'âge de 57 ans, 43 tumeurs au cerveau disparues en 4 jours. De nombreux autres miracles ont changé ma vie. C'est vrai qu'à part Lazare, il était difficile de trouver plus mort que moi !

J'ai rencontré Dieu et jusqu'à mon dernier souffle, je veux en témoigner. Je ne suis ni pasteur, ni docteur : je suis un ouvrier pour la moisson. C'est d'ailleurs l'appel que j'ai reçu devant 150 personnes en août 2012. Ma dernière folie, mon dernier espoir est de mourir sur scène, comme Louis Jouvet au théâtre de l'Athénée le 16 août 1951, en témoignant de l'immensité de ce Dieu que j'ai eu la chance de rencontrer. À demi paralysé, Jouvet a demandé s'il pouvait jouer le soir. C'était cinq heures avant de mourir sur les planches. Je voudrais disparaître comme lui, mais en servant mon Dieu jusqu'à mon dernier souffle.

Ce livre est l'histoire d'un homme qui ne croyait pas vraiment à l'existence de Dieu et qui aujourd'hui ne peut se taire : ce Dieu qui est capable de contredire tous les pronostics médicaux est un Dieu vivant, qui aime et pardonne, qui veut que tous soient sauvés et connaissent la vie éternelle.

J'aimerais que ce livre apporte sinon une réponse, du moins une ébauche de réponse à la plus grande question existentielle de l'homme, à savoir : « Y a-t-il une vie après la mort ? », et puisse réconforter tous les blessés de la vie, les désespérés, les laissés pour compte. C'est sans doute le plus beau cadeau qui m'ait été réservé durant ma vie : apporter de l'espoir à toutes ces victimes de la vie. La Bible ne dit-elle pas : « Il y a plus de bonheur à donner qu'à recevoir ? »

Le but de ce livre est d'éclairer tous ceux qui cherchent Dieu pour résoudre leurs problèmes existentiels. Comment suis-je arrivé sur cette planète, pourquoi, et quelle est la réponse finale aux questions traditionnelles que chacun se pose : Comment puis-je participer à cette vie en ne faisant pas de mal aux autres, mieux, en améliorant leur existence, et la mienne ? Que se passe-t-il le jour où notre voyage ici-bas se termine ?

Ne serions-nous qu'une ombre apparue accidentellement et qui s'évapore dans les limbes de ce monde ? Ou la mort ne serait-elle qu'un passage vers un autre monde merveilleux que nous ne sommes même pas capables de deviner ? Monde d'amour, de paix, de santé, de calme, de détente par opposition à ce monde de guerres, de catastrophes naturelles ou d'accidents, de faim, de mort ? L'univers n'existerait pas sans l'amour de ce Seigneur tout-puissant. Aujourd'hui, même les plus grands scientifiques ont réalisé qu'il y a une interpénétration entre la science et la spiritualité. C'est tout le secret que nous révèle la physique quantique.

Le voyage est ambitieux, mais il pourrait vous révéler l'inconnu, le divin, et apaiser toutes vos craintes. Vous seuls direz si ce souhait est devenu une réalité.

Bon voyage,
Guy

Chapitre 1

Mes mille et une vies

Les amis qui me connaissent bien diront que j'ai vécu plusieurs vies. C'est vrai. Non pas que Dieu m'ait fait cadeau de plusieurs vies. Mais j'ai saisi chaque occasion d'écrire un nouveau chapitre de ce livre merveilleux qui s'offre à la naissance de chacun d'entre nous.

Né d'une famille d'ouvriers depuis des générations – mon père travaillait dans les chemins de fer, ma mère était couturière – j'ai eu un itinéraire chaotique. La vie a été tout à la fois pour moi, impitoyable, attentionnée, destructrice, généreuse. Loin d'un long fleuve tranquille.

Une vie impitoyable

Faut-il employer trop vite ces mots de vie destructrice, impitoyable ? Comme des millions de gens, j'ai eu une vie cabossée, mais dont je n'ai pas à me plaindre, comparée aux véritables drames humains que sont la pauvreté, la faim, la vie sous une dictature, ou la perte d'un enfant.

Mon père, éduqué à la dure, a commencé à travailler très jeune. Son seul but était de subvenir aux besoins de sa famille. C'était un homme courageux et qui ne touchait qu'exceptionnellement à l'alcool. Si j'en parle, c'est que je suis encore aujourd'hui effrayé d'imaginer ce que la boisson aurait ajouté à sa violence naturelle. Mon père a battu ma mère, mon frère et moi jusqu'au jour où, à 15 ans, écœuré, révolté, à bout de haine et de colère, j'ai voulu le tuer. C'est mon grand-père maternel, ma mère et mon frère qui m'ont empêché de commettre l'irréparable. Rentré de l'école d'humeur plutôt guillerette, j'avais reçu dès mon arrivée deux gifles bien appuyées de mon père. Je n'avais aucune idée de la raison de son attitude, mais je sais qu'une colère est montée du tréfonds de mon âme. J'ai couru à la cuisine et j'en suis revenu avec un couteau de boucher, bien décidé à faire payer à cet homme les scènes de coups infligées à ma mère et à mon frère, à l'empêcher définitivement de recommencer ces scènes de folie qui avaient détruit mon âme d'enfant.

Mon frère a réussi à m'arracher le couteau des mains. Mais moi qui, chaque fois que je vivais pareille situation avec mon père, ne pouvais me retenir d'uriner de frayeur et d'angoisse, j'ai senti une force m'envahir. Mon père s'en est immédiatement rendu compte. Lui qui inspirait la peur à ses amis, à ses voisins, à tous les membres de sa famille, a compris que rien n'allait m'arrêter. Je crois qu'un pouvoir démoniaque s'était emparé de moi et m'avait doté d'une force herculéenne. Je me souviens avoir dit à mon père après que le couteau m'eut été arraché des mains : « Tu vois mes mains ? La prochaine fois que tu touches encore ma mère, avec ces mains, je t'arracherai la tête ». Plus jamais il n'a touché ma mère, mon frère ni qui que ce soit.

Mais écœuré par cette enfance marquée par la violence et l'angoisse, j'ai quitté la maison. Façonné par un père d'une sévérité excessive, une mère qui n'avait pas connu la scolarité, des grands-parents sortis tout droit d'un livre d'Émile Zola, les femmes sachant à peine lire et écrire et les hommes insensibles à la douleur ou aux tristesses des leurs, j'avais été doté d'une furieuse envie d'apprendre, d'une volonté à toute épreuve, d'un culot sans limite.

Je me rappelle ce que répondait mon grand-père, quand on lui demandait quelle était sa profession : « Maçon le jour, forgeron la nuit ! ». C'était vrai. Je l'ai vu construire des maisons entières. Chez lui, il y avait une forge et tous les outils. La nuit, il réparait les vélos, fabriquait tous les outils de jardin, et avait bien d'autres activités dans ce qu'il appelait « Em'forge ». Heureusement, c'est une époque révolue. Mais le passage de l'ère industrielle à la société de consommation ne pouvait se faire que dans la rude éducation que nous avons reçue alors. Ce que nos enseignants et nos parents nous ont inculqué, appris, c'est le goût du travail bien fait, le souci de l'orthographe irréprochable, la difficulté à fonder et à assumer ensuite une famille, c'est le respect dû aux cheveux blancs. Cette Belgique et cette France-là, je les revendique pourtant.

Le moins que l'on puisse dire, c'est que je n'ai pas été épargné par les problèmes de santé. J'ai été opéré des amygdales en 1950 à seulement 9 mois – alors qu'à l'époque, on n'opérait jamais un enfant des amygdales avant l'âge de 5 ans. Mais dans mon cas, le médecin de famille avait pris sur lui de recommander immédiatement l'opération. Mes amygdales obstruaient ma gorge. Mes parents ne se rendaient pas compte que je n'étais plus nourri. J'avais des cheveux comme de la laine. Jusqu'à l'âge de 11 ans, j'ai été un enfant rachitique. J'ai été réopéré à 12 ans. Je me suis aussi brisé les os : fracture de la clavicule gauche à 9 ans, de la droite à 12 ans, multiples fractures de la main à 15 ans et de la cheville droite à 21 ans (à la suite d'un saut en parachute), côtes cassées à 33 ans, microfractures à la colonne (encore en parachute).

J'ai été hospitalisé de nombreuses fois : opéré à cœur ouvert pour 5 pontages à 40 ans, on m'a posé un stent à 52 ans, j'ai fait un AVC à 56 ans qui m'a précipité dans le coma pendant 51 jours dont plusieurs semaines en état de mort cérébrale en 2006, avec trachéotomie, 3 trépanations, puis dans les années qui ont suivi, 3 électrochocs, enfin opéré à 63 ans pour la pose d'un défibrillateur triple chambre, d'un pacemaker et d'un synchroniseur.

Si j'ai voulu énoncer tous ces avatars dans ma vie, c'est pour faire passer un formidable message d'espoir : rien n'est jamais fini. Le corps humain possède des ressources encore insoupçonnées. Et au-delà, c'est une invitation à prendre conscience de cette extraordinaire intelligence de celui qui a créé ce corps humain, le Seigneur de la vie : Dieu.

Une vie merveilleuse

À côté de ces péripéties, j'ai vécu une existence très riche.

Je me rappelle la complicité avec mon frère qui nous offrait de rares moments de vrai bonheur, les études faciles des premières années d'école, la découverte de ma mémoire hors du commun, mon incroyable facilité à comprendre toute nouvelle matière, au point d'anticiper les phrases de l'instituteur, ce qui l'étonnait – mais aussi parfois, l'énervait. Néanmoins, écorché vif, il y avait en moi cette indéfectible volonté de réussir, de prendre ma revanche sur la vie. J'ai quitté la maison familiale pour entrer dans l'Armée. Faisant partie du groupe de 5 sur 165 qui avaient réussi l'examen d'entrée, j'ai été formé à l'École de Préparation à la Sous-Lieutenance (l'équivalent de Saint-Cyr en France) et suis devenu en 1970, à l'âge de 21 ans, le plus jeune officier belge.

Je résumerais ma soif de vivre par cette formule de Clémenceau : « Pire que le bruit des bottes : le silence des pantoufles ». Ou par cette phrase de Pierre-Georges Latécoère, pionnier de l'Aéropostale, cette première liaison aérienne intercontinentale qui n'existait pas « J'ai refait tous les calculs, notre idée est irréalisable. Il ne nous reste qu'une seule chose à faire, c'est la réaliser ». Ces deux citations ont littéralement été les moteurs de toute ma vie.

J'ai quitté l'Armée après 7 ans pour devenir agent commercial dans une compagnie d'assurances. J'ai découvert avec fascination le monde des affaires, même si je commençais comme un petit Séraphin Lampion, au bas de l'échelle. Mais très vite, j'ai grimpé les échelons. En 1978, j'ai créé mon portefeuille qui a été racheté par une société du Groupe Frère en Belgique dix ans après. Je suis alors devenu le patron de la branche assurances chez Albert Frère, le plus grand financier belge, avec la perspective d'un avenir professionnel brillant. Il faut savoir qu'Albert Frère était un des hommes d'affaires parmi les plus puissants d'Europe, propriétaire de la Banque Bruxelles Lambert, de Petrofina, de la CNP, et de bien d'autres. Jusqu'à son décès il y a deux ans, il était associé à Bernard Arnault à 50/50 dans Château Cheval Blanc. Voici ce qu'un grand site de conseil financier publiait un triste jour de décembre, quand il a quitté ce bas monde : « On disait parfois qu'il aurait pu "vendre du sable aux Touaregs" : le baron Albert Frère, décédé lundi à l'âge de 92 ans, était l'homme d'affaires le plus célèbre et le plus riche de Belgique, selon le classement Forbes, et un actionnaire incontournable à la Bourse de Paris. »

Parallèlement à mes activités professionnelles, j'ai obtenu en août 1978 une licence de pilote privé, car voler était pour moi un rêve d'enfant. Cette licence m'imposait un examen médical approfondi chaque année. C'est lors de cet examen que, le 20 juin 1989, on m'a découvert une grave maladie : excès de cholestérol d'origine familiale ayant entraîné des dépôts de graisse dans les artères coronaires : 2 des 3 artères du cœur étaient totalement bouchées. Opéré le 18 août 1989 par un extraordinaire chirurgien belge, Robert Dion, j'ai subi 5 pontages coronariens. Après 4 mois, j'ai pu reprendre mes activités à 100 %.

Repéré par Bernard Tapie, je suis alors devenu Directeur Général de Donnay, entreprise spécialisée dans la fabrication de raquettes de tennis qui avait été rachetée par l'entrepreneur français, et qui avait comme poulains André Agassi et Guillermo Perez Roldan. Plus tard, je me suis attaché les services d'Henri Leconte, de Jean-Michel Saive et de Jean-Philippe Gatien pour la division tennis de table, et d'Eddy Merckx et Bernard Hinault pour le développement de la division vélos en carbone. Tous des maîtres dans leur discipline, tous champions du monde, vainqueur de la coupe Davis, et/ou quintuples vainqueurs du tour de France. Et tous les sept, champions du monde incontestés de la gentillesse, de la simplicité et de l'amitié.

J'ai connu le monde des paillettes, étant très ami avec ces rôles inoubliables du cinéma qu'étaient André Pousse, Carlo Nell, Michel Serrault, et tant d'autres. Mais aussi ami inconditionnel des inconnus du spectacle, comme Gérard et Martine Delaleau, Roger Dangueuger, patron de « Chez Ma Cousine », plus vieux cabaret de Paris, du regretté Jean Vallée. Toutefois, la vie m'a un jour fait prendre conscience que ce monde de paillettes est éphémère, artificiel. Ce ne sont pas les gens renommés qui sont inconséquents. C'est celui qui s'enivre un tant soit peu de la renommée de ces acteurs et se l'approprie, peut-être pour oublier les misères de sa propre vie.

En 1993, j'ai quitté l'entreprise Donnay et, avec un associé, nous avons développé une société d'import de meubles anciens et nouveaux, d'objets d'art et de décoration, de pièces d'architecture (piliers, portes, fenêtres) en provenance d'Inde, du Vietnam, de Corée, de Chine. C'est là que je me suis converti en 1999, pour devenir chrétien évangélique protestant. Par la suite, nous avons ouvert plusieurs magasins à Bruxelles et à Anvers.

Bref, une belle réussite professionnelle jusqu'à ce 5 mai 2006, où j'ai fait un AVC : hémorragie méningée massive du tronc cérébral. Je suis resté de très longs jours dans le coma, dont plusieurs semaines en état de mort cérébrale. Aux dernières nouvelles, je reste le seul au monde à être sorti vivant d'un tel accident. À la sortie du coma, on m'a découvert plus de 40 tumeurs au cerveau qui ont disparu en 4 jours, ce qui, selon un éminent neurochirurgien des cliniques universitaires

Saint-Luc à Bruxelles, « confine au paranormal » ! J'ai raconté le détail de mon histoire dans un précédent livre : *Rescapé de la mort*[1].

J'ai la certitude que ces miracles étaient de Dieu, qui m'en a donné de multiples preuves.

C'est pour cette raison que le 7 août 2011, j'ai arrêté toute activité professionnelle pour me consacrer à écrire des livres et à parcourir le monde pour témoigner de la puissance de Dieu. Et ainsi apporter à tout le monde un vrai message d'espoir : Dieu est vivant. Il n'est pas réservé à une caste d'illuminés ni à une secte quelconque. Il veut que tout le monde soit sauvé et connaisse la vie éternelle. L'amour du Seigneur est trop grand, trop immense, pour être compris par le cerveau humain. Dieu ne s'apprend pas. Il s'expérimente !

Une vie destructrice

Sur le plan privé, j'étais bien trop engagé dans mes affaires pour m'intéresser à mon épouse et à m'occuper de mes enfants ; et c'est le divorce. Ah ! Comme il est difficile d'aimer quand on n'a pas appris. Mon égoïsme a eu raison de mon premier mariage, mais là encore, la vie s'est montrée généreuse avec moi. Mon fils aîné Olivier et moi avons réussi à créer un début de relation. Je suis fou de ma petite-fille Clara, qui aura bientôt 6 ans. Et je suis depuis novembre 2018 l'heureux papy de jumeaux ! Je ne veux pas oublier l'aîné des enfants d'Olivier, Maximilian, qui poursuit des études supérieures. Il me reste à réparer les dégâts avec ma fille Murielle, à rencontrer pour la première fois ma première petite-fille, Céline, qui doit avoir 24 ans…

---

[1] *Rescapé de la mort, Entretien avec un homme d'affaires miraculé*, écrit en collaboration avec Paul Ohlott, Éditions Première Partie

En 2001, j'ai épousé Brigitte que je connaissais depuis 1993, et qui est toujours ma femme aujourd'hui. Mais j'ai à reconstruire ma relation avec elle, que ma personnalité débordante et égoïste n'a guère épargnée depuis toutes ces années que nous nous connaissons. Notre vie n'a pas été facile. Dotés tous les deux d'un caractère fort, nous avons connu des débuts difficiles et c'est toujours un effort de chaque jour. Mais après 28 ans, nous sommes toujours ensemble au grand dam des prophètes de mauvais augure qui n'auraient pas misé un centime sur notre couple. Nous sommes finalement très attachés l'un à l'autre malgré nos différences.

Comme disait Clémenceau : « J'ai vécu du bruit et voilà que je réagis aux pas étouffés du silence ». Au travers de l'épreuve, j'ai tendance à me réfugier dans un certain légalisme. Je m'en veux de ne pas lire ma Bible tous les jours. Mais la lire en tenant mon agenda, ce serait me justifier vis-à-vis du Seigneur. C'est l'attitude du pharisien.

Comme cet épisode que j'ai vécu il y a deux ans. Depuis de longues journées, j'étais réfugié dans ma chambre, sans aucun contact avec Brigitte. Le fait de me sentir, à 68 ans, beaucoup plus proche de la mort, et d'imaginer la laisser seule en cas de décès me paniquait lorsque le Seigneur m'a fait comprendre que ma sécurité ne se trouverait pas là où je l'attendais. Depuis mes 20 ans, pas une semaine ne passe sans que je fasse un budget, dans ma vie privée, comme dans mon travail. Pendant des années, j'ai étonné mes amis en me vantant de faire d'abord la liste des dépenses des mois à venir et de m'arranger ensuite pour en percevoir les revenus proportionnels. Je croyais sincèrement que cette attitude face à mes responsabilités était due à ma grande prévoyance... Et ce dimanche 15 septembre 2019, dans un moment de recherche de prière et d'intimité, le Seigneur me dit, à ma plus grande stupéfaction : « Ma paix ne se trouve pas dans une planification excessive, dans le désir de maîtriser l'avenir, qui est une forme très courante d'incrédulité. » Je n'en revenais pas !

Ce que je croyais être une de mes plus grandes qualités se trouvait être une attitude profondément attristante pour le Seigneur. Mais c'est ça, la leçon de la vraie vie avec le Maître.

Dans le monde des affaires, les écoles, pour faire des projets, les banques exigent des business plans, des plans de trésorerie. Jamais je ne m'en étais offusqué : et là, je constatais que c'était une des grandes caractéristiques de notre monde sans Dieu. Surtout ne pas compter sur Lui ! Mais seulement sur nous. C'est exactement le genre d'erreur que nous commettons en ne nous appuyant que sur la philosophie, l'humanisme, et même la laïcité, en excluant Dieu. Il m'aura fallu 68 ans pour découvrir des choses si simples que des chrétiens « de base » ont comprises le jour de leur conversion. Que le chemin de l'intelligence à la simple foi en Dieu est rocailleux, long et escarpé !

J'ai découvert que c'était Lui qui essayait, malgré tous nos défauts, de nous attirer dans un monde tellement moins stressant, tellement plus épanouissant et tellement plus certain pour l'avenir : son monde à Lui. Nous devons apprendre à Lui faire confiance. Qu'elle est belle et imagée, cette autre façon d'exprimer cette idée : nous reposer sur Lui ! « *Dieu murmure dans nos moments de joie, mais tonne dans nos souffrances. La souffrance est son mégaphone pour réveiller un monde engourdi.* » (C.S. Lewis)

Que nous soyons pauvres ou riches, dirigeants, employés, ouvriers ou au chômage, Dieu a le pouvoir de nous rendre libres et heureux, loin de tous les excès des religions humaines. Il est urgentissime de réintroduire un peu de spiritualité et un peu d'amour dans notre société, en attendant un jugement qui viendra pour mettre chacun de nous devant ses responsabilités.

Chapitre 2

« Rencontre avec Joe Black »

C'est en pensant à ce film américain de Martin Brest, « Rencontre avec Joe Black » sorti en 1998, avec Brad Pitt et Anthony Hopkins que je commence ce chapitre. Dans ce film fantastique, Brad Pitt (Joe Black) y incarne la mort sous une forme humaine. Et Hopkins, un homme d'affaires arrivé au bout de sa vie qui n'a pas pris soin de sa famille ni surtout de ses enfants. Il est malade et Joe Black lui révèle que son heure est arrivée. C'est au beau milieu d'une fête grandiose pour ses 60 ans que Hopkins comprend qui est véritablement Joe Black...

En fait, la mort révèle à chacun sa propre personnalité, de façon d'autant plus impitoyable que le temps est venu de quitter ce bas monde alors qu'aucune erreur n'est plus réparable. Un peu comme lorsque nous prenons conscience que l'heure est venue d'affronter un tribunal sans autre avocat que le Paraclet, le Saint-Esprit.

Toute ma vie, sans doute comme tous les hommes, j'ai cru que ma jeunesse serait éternelle. Je voyais les hommes de 50 ans commencer à se plaindre de maux de dos, d'arthrose, de rhumatismes. Inconsciemment, je ne sais pourquoi, je croyais que j'échapperais à ces douleurs de « vieux ».

Les expressions : « à l'automne de ma vie », « j'ai 25 printemps » ou « en pleine force de l'âge », m'ont toujours laissé indifférent. Il y a en tout homme un sentiment d'éternité, non exprimé, inconscient. Mais une éternité tout à fait personnelle, qui n'appartient à aucun autre.

J'ai vécu tant de fois cette impression que je serais éternel, sans en être vraiment conscient.

En 1989, quand j'ai subi 5 pontages, je n'ai pas douté un seul instant que cette opération à cœur ouvert me remettrait sur pied et que je revivrais une vie normale. Et ce fut le cas : travail, voyages autour du monde, sport assidu, course à pied, salle de gym et j'en passe. Sans compter ma passion de l'époque : des dizaines de kilomètres de marche dans les bois chaque mois pour trouver des champignons.

En 2006, après mon AVC, à la sortie d'interminables jours de coma dans lequel m'avait plongé une hémorragie méningée massive du tronc cérébral, j'étais certain que je vaincrais une fois de plus le sort qui s'était acharné sur moi et qui avait conduit les médecins à renoncer à me sauver. Même après ce très grave accident, j'ai recommencé à courir pendant 8 ans.

J'ai cru que ce jeu du chat et de la souris allait perdurer et que toujours, je gagnerais.

La première fois que je me suis retrouvé face à la mort

Pourtant, en septembre 2012, la découverte que je souffrais de fibrillation auriculaire, l'implantation d'un défibrillateur triple chambre dans la poitrine, mais surtout l'essoufflement de plus en plus violent qui caractérise l'insuffisance cardiaque m'ont mis face à l'échéance de la mort, sans préparation psychologique. Et face à l'inéluctable déchéance physique qui pèse sur tout être humain. Je vacillais sur mes bases, telle une colonne d'un temple grec au milieu d'un tremblement de terre.

C'est là que vraiment, pour la première fois, je me suis retrouvé face à la mort, à son côté impitoyable et incontournable. Face à la porte derrière laquelle les athées pensent qu'il n'y a rien, et les croyants angoissent, soit parce qu'ils ne savent pas s'ils ont suffisamment préparé leur examen de passage vers l'au-delà, soit parce qu'ils ont pratiqué la méthode Coué pour ne pas devoir regarder la camarde dans les yeux, et échapper à la prise de conscience de la vanité du monde.

Terrible échéance. Terrible dans toute son acception : qui engendre la terreur. Mais une fois passée cette première réaction, vient l'heure du vrai bilan. Pas celui que tous les hommes font un jour à propos de leur épouse, leurs enfants, leurs amis et surtout eux-mêmes pour se donner bonne conscience avec une incroyable légèreté, voire lâcheté. Non ! Je parle de ce bilan qu'on ne peut faire qu'une seule fois, avec soi-même, face à sa propre solitude et aux portes de l'enfer. Conscient qu'en fait, il est bien trop tard pour réparer une vie d'échecs, les impensables souffrances infligées à tous ces êtres que l'on s'est pourtant targué avec un incroyable aplomb d'avoir aimés. Même si nous concédons les avoir mal aimés.

Et nous prenons enfin conscience de notre propre fourberie, qui fait instantanément de nous tout à la fois un procureur sans pitié, un jury qui refuse les circonstances atténuantes, un coupable terrifié et le bourreau qui actionne la lame de la terrible invention de ce bon docteur Guillotin.

Covid-19 : une autre expérience de la mort

L'incroyable violence du Covid-19 a frappé tous les pays, nous mettant tout à coup devant la proximité de la mort. La survenue en Chine du coronavirus au tout début de 2020, voire dès la fin de l'année 2019, a fini par toucher chacun d'entre nous de façon plus ou moins proche. En mars 2020, c'est une véritable tourmente qui s'est abattue sur la Belgique et sur le monde.

Je veux insister sur ce qui nous est arrivé, à mon frère et à moi, le 13 mars 2020. Habitant en France, je suis arrivé le soir en Belgique en parfaite forme physique, et nous sommes allés au restaurant. Une heure plus tard, devant l'état de mon frère (il avait une petite fièvre à 38°, et avait les intestins dérangés) nous avons quitté le restaurant. À 22 h 30, j'arrivais à l'hôtel après avoir déposé mon frère chez lui. C'est alors que j'ai constaté chez moi les mêmes symptômes que ceux de mon frère. Pendant 36 jours, j'ai été dans un état de fatigue et de faiblesse extrêmes, dormant 12 à 18 heures par jour. Le 15, pendant la nuit, mon frère, lui, décédait. Avec le recul, force est de constater que j'avais une fois de plus échappé à la mort.

La médecine fait des progrès hallucinants en ce début du XXIe siècle, et ce, dans tous les domaines. Mais inexorablement, l'échéance de la mort se rapproche. C'est une des plus féroces ennemies à apprivoiser, une des épreuves les plus difficiles que nous ayons à affronter.

Le Royaume de Dieu est proche

Que s'est-il passé lorsque j'ai pris conscience de ma mort prochaine ? Tout à coup, il m'a semblé que j'avais raté ma vie. J'étais tellement lucide sur mes défauts, ma paresse, ma légèreté, ma vie de compromis, mon égocentrisme que je comprenais enfin ce jugement biblique : pas un seul n'est bon. Pas un seul ne peut trouver grâce aux yeux du Seigneur de l'Histoire. Et même, l'ultime et seule solution qui consiste à s'abandonner au sang et au sacrifice salvateurs du Fils de Dieu devient tout à coup imméritée, et partant, inaccessible.

Était-ce le début du salut par une vraie repentance ? Un constat d'échec qui me laissait vide, sans volonté et résigné ? Ou la prise de conscience bien tardive de l'absurdité de la vie ? Je ne sais pas... Je prenais soudain conscience que j'avais quitté les rives de la jeunesse pour marcher doucement, à mon rythme, le long de la rivière qui nous conduit inexorablement vers la porte derrière laquelle nous attend (ou pas) la suite de notre histoire. Je ne m'attendais pas à sentir le poids des ans aussi fort dans mon cœur. C'était à tout le moins l'occasion de revisiter sereinement le cours de ma propre vie, de réécrire l'histoire, ma propre histoire, en trempant ma plume dans l'encre de la vérité ; le moment de comprendre le vrai sens de la vie, pour autant qu'il y ait un vrai sens à la vie.

Je ne puis m'empêcher d'imaginer quelle serait ma réaction si je devais conclure que nous sommes seuls dans cet univers, sans espoir, sans lendemain. Mais ne brûlons pas les étapes, n'essayons pas d'aller voir à la dernière page qui est le coupable de cette intrigue dans laquelle nous avons commencé à nous débattre dès notre naissance...

De tout temps, la spiritualité a occupé une place prédominante dans nos sociétés. Avec le siècle des Lumières, il y a eu un refroidissement des enthousiasmes (c'est à dessein que j'ai utilisé le mot enthousiasme, qui en grec signifie : « en Dieu »), mais dont Malraux annonçait la fin avec sa célèbre citation : « Le XXIe siècle sera spirituel ou ne sera pas ». Selon André Frossard, Malraux n'aurait pas dit « spirituel » mais « mystique ». Dès le début de la période antique qui a succédé à la Préhistoire, on sait que l'homme a cherché Dieu. On a même découvert une tribu en Amazonie ayant un dieu qui, pour la sauver, aurait donné son fils en sacrifice vivant. Et on est certain que jamais un colon ne s'est aventuré dans cette région. L'homme, de toute éternité, recherche Dieu. L'histoire de l'arche de Noé est encore racontée dans plus de 80 pays du monde, et aucun ne remet en cause le nombre d'hommes et de femmes dans l'arche. Ils étaient 8 : Noé, sa femme, ses trois fils et leurs épouses...

Aucune civilisation, aucune société n'a survécu sans spiritualité. Reprenons la citation de Malraux : « Le XXIe siècle sera spirituel ou ne sera pas. » Aujourd'hui, cette intuition devient d'une actualité étonnante. Mais il est temps de mettre en œuvre ce que cela implique. La crise économique de 2008 prolongée en 2012, l'épuisement des énergies fossiles, la pollution, l'accélération dramatique des changements climatiques, l'extraordinaire crise sanitaire liée au Covid-19, la fragilité de notre monde et l'épuisement général de notre planète annoncés par les Écritures amènent les hommes à se poser les vraies questions, les questions existentielles. Dieu lui-même souhaite que « pas un seul ne se perde ». (Mt 18,14) Il incombe à tout chrétien de prendre son bâton de pèlerin missionnaire pour être un ouvrier au service de Dieu.

« Alors, il dit à ses disciples : la moisson est blanche, mais il y a peu d'ouvriers. Priez donc le Maître de la moisson d'envoyer des ouvriers dans sa moisson. » Ce passage tiré de l'Évangile de Matthieu 4.17 signifie : « Priez Dieu pour la moisson » : il s'agit ici d'une allégorie. La moisson représente les hommes qu'il faut amener à Dieu avant qu'il ne soit trop tard pour eux. Selon Matthieu, la moisson est prête : « Dès ce moment, Jésus commença à prêcher, et à dire : Repentez-vous, car le Royaume des cieux est proche. »

Chapitre 3

« J'ai une parole de Dieu pour toi. »

À la sortie de l'hôpital, en 2006, après mon AVC et mes 51 jours de coma, de nombreux amis m'ont envoyé des messages de bon rétablissement, d'autres sont venus me voir. Tous ont été surpris (et le mot est pour le moins très faible) de l'état de délabrement dans lequel je me trouvais. Il est vrai qu'avec 48 kg pour 1,93 m, j'avais peu de chances de convaincre le réalisateur de la série *Rambo* de me confier le premier rôle. Par contre, j'ai été très étonné du nombre d'amis chrétiens qui, lors de leur visite ou lors d'une rencontre dans l'église locale, me déclaraient : « J'ai une parole de Dieu pour toi ». Invariablement ma réponse fusait : « Ah bon, il a perdu mon numéro de téléphone ? »

Je n'y croyais pas

C'est vrai que depuis 1964 où j'avais entendu parler pour la première fois du mouvement pentecôtiste, j'étais chaque fois indisposé par ce genre de déclaration. En fait, il y avait deux explications à mon attitude, et si j'en parle ici, c'est parce que je crois que c'est un des problèmes majeurs du mouvement pentecôtiste :

- D'une part, le besoin des chrétiens de se rassurer quant à leur réputation. En effet, certains mouvements pentecôtistes ont cru utile de prévoir dans leurs statuts ou dans leur règlement intérieur que le « parler en langues » est l'évidence du baptême du Saint-Esprit, et dès lors, de tous les dons qui en découlent. Cette attitude que, personnellement, je

trouve regrettable a provoqué chez certains chrétiens la crainte qu'on les qualifie de faux chrétiens si eux-mêmes n'annonçaient pas des messages de Dieu en langue ou dans leur langue natale.Que de faux « parler en langues », que de messages sans queue ni tête n'entend-on pas dans les réunions, les cultes ou autres réunions de prière ! Tout cela parce que les chrétiens craignent aux yeux des autres de ne pas être de vrais adeptes de leur mouvement.
- D'autre part, parce que je ne croyais pas moi-même à ces manifestations du Saint-Esprit. Mon esprit cartésien m'obligeait même à trouver ces attitudes ridicules.

Et pourtant… Combien j'avais tort ! En effet, je croyais en la Parole de Dieu telle que la Bible la présente, imitant en cela l'attitude des Luther et Calvin. Mais par mon attitude, je limitais les extraordinaires pouvoirs de ce Dieu que je croyais connaître parce que j'avais lu de nombreux livres de théologie.

L'amour et la sainteté de Dieu

Dans les milieux chrétiens, il est usuel de mettre l'accent sur l'amour incommensurable de Dieu. En effet, le verset en or de la Bible est le verset 16 du chapitre 3 de l'Évangile de Jean : « Car Dieu a tant aimé le monde qu'il a donné son Fils unique, afin que quiconque croit en Lui ne périsse point, mais qu'il ait la vie éternelle ».

Mais souvent, on insiste moins sur l'autre grande caractéristique du Père : sa sainteté. Dieu ne peut pas coexister avec le péché. Raison pour laquelle le sacrifice de Jésus est le moyen utilisé par le Père pour se réconcilier avec les hommes, marqués dès la naissance par le péché originel. Je sais que cette dernière phrase va mécontenter certains lecteurs qui refusent d'assumer la responsabilité d'un péché qu'ils n'ont pas commis personnellement. C'est pourtant la base de la foi chrétienne. Mais revenons à cette impossibilité pour Dieu de faire coexister sa sainteté avec le péché : beaucoup de chrétiens, voire une majorité, ignorent ce principe de base. En effet, et c'était mon cas, j'avais été ébloui par l'indicible immensité de l'amour du Père, et presque inconsciemment, j'oubliais de satisfaire à cette exigence de sanctification, à défaut de sainteté.

Dans la Bible, les saints sont des gens mis à part. « Saint » n'a pas le sens qu'on lui connaît par ailleurs, c'est-à-dire un adjectif dont certaines personnes historiques ont été affublées pour leur comportement exemplaire. Dans les Écritures, les saints étaient mis à part par le mouvement auquel ils appartenaient avec une mission bien précise, en général l'œuvre missionnaire, l'aide aux minorités opprimées, ou l'aide aux plus nécessiteux. Le Nouveau Testament insiste sur l'impossibilité d'être chrétien sans la sanctification qui permettra de vivre une véritable vie avec le Fils, le Père et le Saint-Esprit.

J'oubliais lors de mes premiers pas dans la vie chrétienne tout ce qui précède. Et je m'étonnais de ne pas toujours recevoir de réponse à mes prières… Lors de notre conversion, quel que soit notre âge sur notre passeport, le Seigneur nous considère comme un enfant : un bébé dans la foi. Et comme tout père humain, Il pardonne beaucoup de nos écarts. Mais le temps passant, il faut que le jeune converti prenne conscience de ce que le Seigneur attend de lui et adapte petit à petit son attitude, telle que la Bible le demande. Que de chrétiens croient qu'ils ont été définitivement sauvés le jour de leur conversion ! Pourtant, conversion vient du latin *convertere* : changer de direction, faire demi-tour à 180 degrés, soit changer radicalement d'attitude et se mettre à part, se sanctifier.

Mais quoi de plus efficace que quelques pages de témoignage plutôt qu'un livre d'enseignement théorique ?

Expérience vécue

Comme je l'ai dit auparavant, je n'avais jamais cru en ces gens qui venaient me dire qu'ils avaient une parole de Dieu pour moi.

Un matin, je m'étais réveillé très tôt comme à mon habitude pour profiter du calme et de la quiétude du petit matin. J'avais passé quelques minutes dans la prière, et un moment plus long dans la lecture. Comme souvent, je passais du temps à méditer. Il m'arrivait parfois dans ces derniers moments d'être interpellé par le Seigneur à propos d'un sujet ou d'un autre. Mais en ce matin d'été 2018, j'allais connaître une épreuve qui allait s'étendre sur presque deux ans. Quand je suis arrivé dans la salle à manger, ma femme Brigitte a trouvé que j'avais un air bizarre. Elle m'a donc demandé ce que j'avais. Je lui ai répondu : « Ce matin, après la prière et la lecture, je méditais. Le Seigneur m'a parlé. Il m'a dit textuellement :"Ton frère Claude, n'est pas sauvé. S'il ne va pas trouver ces deux personnes, se mettre à genoux, et leur demander pardon, je retire ma main de protection" ».
Brigitte me répond :
- Et alors ?
- Mais tu te rends compte, si tout cela n'était que le fruit de mon imagination ? C'est trop lourd d'en parler à Claude…
- C'est ton problème, me répondit Brigitte.

Je me suis donc à nouveau isolé pour réfléchir. J'étais très inquiet car Claude avait bénéficié de l'immense amour du Seigneur. Entre 1997 et 2016, il a été atteint de 5 cancers, parfois avec ablation d'organes (prostate, rein, et partiellement, foie et poumon). Chose incroyable, pour ces 5 cancers, Claude n'a jamais subi aucun traitement de chimiothérapie ni de radiothérapie. Je m'inquiétais donc d'autant plus que mon frère avait fait l'objet d'un invraisemblable traitement de faveur de la part du Père.

Je me décidai donc à aller le trouver. À mon arrivée en Belgique, nous sommes allés déjeuner, mais pour une raison qui m'échappe, je ne lui ai pas parlé de cette parole que j'avais reçue. Il faut préciser que Claude, tout comme moi, ne croyait pas à ce genre de message donné souvent par des gens peu crédibles.

Je suis parti sans trop y penser. Mais c'est alors que le Seigneur m'a rattrapé pour me reprendre fermement. J'ai immédiatement appelé Claude qui, par le plus grand des hasards se trouvait à 2 ou 3 kilomètres de l'endroit d'où je l'appelais. Nous nous sommes assis à la table du petit bistro de campagne et je lui ai fait part du message que je pensais avoir reçu directement du Père : « Ton frère n'est pas sauvé. S'il ne va pas trouver ces deux personnes, se mettre à genoux devant elles, et leur demander pardon, je retire ma main de protection ». Sa réponse m'a interloqué : « Qui êtes-vous ? » Je lui ai répliqué : « Tu vouvoies ton propre frère ? » Et Claude m'a expliqué : « Non, mais mon fils Éric est parti au Togo et m'a demandé d'annoncer la Parole mercredi soir lors de la réunion de prières. Juste avant le culte, une dame âgée est venue me trouver et m'a déclaré : "Le Seigneur m'a réveillée ce matin à 3 heures et demie et m'a donné ce message pour vous : Claude n'est pas sauvé. S'il ne va pas trouver ces deux personnes, se mettre à genoux devant elles, et leur demander pardon, je retire ma main de protection". » Quand Claude disait vous, il s'adressait donc à cette dame et à moi.

Comme souvent, le Seigneur venait de faire d'une pierre deux coups : transmettre un message, et convaincre les deux frères chrétiens depuis bien des années que la parole de Dieu n'est pas un mythe, mais bien une réalité troublante pour les cartésiens que nous étions.

Dans les mois qui ont suivi, j'ai interrogé Claude pour savoir s'il avait obéi aux instructions du Seigneur. Chaque fois, il me répondait évasivement et je voyais bien qu'il ne s'était pas exécuté. Plus le temps passait, plus je devenais inquiet pour son salut : je ne voulais pas passer l'éternité sans mon frère. Quelque temps plus tard, Claude a dérapé à l'égard d'une des deux personnes à qui il devait demander pardon. Suite à cet incident, nous avons eu un entretien plutôt musclé.

Le Seigneur me montrait qu'il était en danger de mort. Le seul moyen de s'en sortir était pour lui de confesser son attitude, ce qui, je le reconnais, était particulièrement difficile. À la fin de notre conversation du samedi, il a tout confessé devant son épouse, ce qui était une démarche pour le moins courageuse. J'ai ressenti à ce moment un immense soulagement. Je me suis dit que mon frère était sauvé. Le lendemain, dimanche 15 mars, à 8 heures et demie du matin, ma belle-sœur m'appelait en hurlant « Ton frère ne s'est pas levé. Je suis allée dans sa chambre. Il est mort et déjà froid » !

J'ai oscillé pendant des mois entre doute et soulagement, pensant que mon frère était sauvé, mais me demandant aussi si le Seigneur lui avait pardonné. Je n'ai pas la réponse. Que cet exemple nous rappelle toujours qu'il nous incombe d'apprécier l'amour du Seigneur mais également sa sainteté, et d'en tenir compte dans nos comportements, une fois la conversion acquise.

Parole terrible nichée dans l'amour immense de Dieu

Un autre exemple, indiscutable, de la parole de Dieu adressée à des hommes m'est arrivé en juin dernier. Depuis quelques mois, ma cousine et moi priions tous les jours pour son mari, Michel. Celui-ci était hospitalisé et très vite, les médecins ont constaté que son poumon gauche avait été gravement et irréversiblement atteint par le Covid-19, et que son état général était gravement affaibli par le virus et ses difficultés à se déplacer depuis son amputation de la jambe.

Le 27 juin au matin, ma cousine regardait le culte diffusé en direct de l'Église La Porte Ouverte Chrétienne de Mulhouse, animé par le pasteur Samuel Peterschmitt. C'est cette Église évangélique que des journalistes sans vergogne et sans le moindre sens professionnel ont accusée d'être à l'origine de l'arrivée du Covid-19 en France, suite à un rassemblement de jeûne et de prière de 2000 personnes en février 2020. À l'époque, cette église allait presque devenir la principale responsable mondiale des morts du Covid, alors que pendant ce rassemblement, aucune information ni alerte n'était encore parvenue sur la contagiosité du virus. « Au contraire, le 21 février, l'Agence générale de santé affirmait qu'il n'y avait pas de chaîne de contamination en France »[2].

Mais bien sûr, quand l'évidence est apparue, et qu'il a été confirmé qu'il s'agissait d'une pandémie mondiale probablement due à des problèmes survenus sur le territoire chinois, pas un mot d'excuse ou à tout le moins une rectification des fausses informations qui ont jeté l'opprobre sur cette église ! Alors qu'elle est par ailleurs exemplaire en France sur le respect des lois et sur le soin aux indigents, soulageant ainsi la ville et la région de dépenses certaines pour venir à leur secours.

Ce 27 juin donc, pendant ses annonces hebdomadaires, le pasteur Samuel a soudain expliqué qu'il avait beaucoup hésité à annoncer une parole qu'il avait reçue de Dieu. Je tiens à préciser que Samuel ne connaissait ni ma cousine ni son mari, et n'avait jamais entendu parler d'eux. Samuel dit : « Ce matin, j'ai beaucoup réfléchi à vous communiquer une parole de Dieu qui concerne une femme : "Ma sœur, tu pries pour ton mari qui est malade. Tu aimes Dieu et ton mari aussi. J'ai entendu

---

[2] *La déferlante, cette crise qui a révélé les évangéliques,* de Samuel Peterschmitt, avec Kevin Boucaud-Victoire, Éditions Première Partie, 2020

ta prière. Mais son temps est terminé ici-bas et il doit maintenant rentrer à la maison" ». En consultant le Web, et en tapant : « Église La Porte Ouverte Chrétienne de Mulhouse, culte du 2 juin 2021 », vous pouvez réentendre cette prophétie entre les 54e et 67e minutes. C'est impressionnant.

En effet, dans les 30 minutes qui suivaient, Michel décédait paisiblement à l'âge de 72 ans. Même quand on connaît le monde évangélique, vivre une pareille expérience est édifiant et fortifiant. Cela nous rappelle que la plus grande mission que le Seigneur nous a attribuée est « d'aller de par le monde et de faire des disciples ». En clair, nous devons partager notre foi afin qu'un maximum de gens soient sauvés. Sans le moindre prosélytisme.

Voici le courrier que j'ai adressé ce jour-là au pasteur Samuel Peterschmitt, pour qui j'éprouve beaucoup d'admiration. Gérer une église de 2 000 membres relève de l'exploit, mais Samuel a su s'entourer d'une équipe compétente et efficace. Aujourd'hui, je lui suis reconnaissant d'avoir contribué, sans le savoir, à augmenter ma foi dans le Seigneur et d'avoir avec celui-ci une relation plus intime et profonde.

Bonjour Samuel,

Je suis Guy Maréchal, Rescapé de la mort, et oncle d'Éric à Anderlecht, en Belgique. Je veux t'informer de ce qui s'est passé ce 27 juin. Après 1 heure 24 minutes et 20 secondes, lors du culte de ce jour, tu as évoqué une parole que le Seigneur t'avait donnée. Tu as précisé que tu avais longtemps hésité à la transmettre. Depuis des mois, ma cousine Christine Maréchal et moi luttons dans la prière pour son mari, gravement malade. Tu as annoncé que Le Seigneur avait entendu les prières de Christine mais qu'il allait le reprendre, car son temps était venu. Et il l'a repris quelques minutes plus tard, à 72 ans.

Tu ne peux imaginer combien ta parole a réconforté le cœur de ma cousine et l'a aidée à accepter le décès de son mari.

Tu sais Samuel, vis-à-vis de l'extérieur, nous passons parfois (souvent ?) pour des illuminés, comme quand on annonce une parole comme celle-là.

Dès lors, si tu désires lire ce témoignage et/ou le déposer sur le site de la Porte Ouverte, ce sera avec la bénédiction de Christine. Moi-même je constate chaque jour dans mon ministère l'incrédulité des auditeurs, particulièrement les non convertis.

Merci pour cet amour tout simple que tu prodigues à tant de gens par tes paroles et ton engagement pour le Seigneur.

Sois béni,
Guy Maréchal

Réponse de Samuel le 28, à 8 heures et demie du matin :

Bonjour Guy,

Merci pour ce témoignage bouleversant. Le Seigneur tient nos destinées dans sa main et comme un berger prend soin de ses brebis il continuera à prendre soin de ta cousine.

Continuons à le servir dans l'humilité et la simplicité.

Sois béni,
Samuel

Chapitre 4

Mais les miracles existent-ils vraiment ?

Après la parution de mon premier livre *51 jours de coma...Et après ?*, j'ai eu l'occasion de participer à deux journées de formation en Belgique au centre pentecôtiste international de Sint-Pieters-Leeuw en Belgique. J'y ai rencontré l'écrivain chrétien Jacques Poujol que je connaissais pour avoir lu plusieurs de ses ouvrages sur les problèmes de couple. D'emblée, il me dit : « Ton idée d'avoir introduit une préface rédigée par une sommité médicale mondiale assure le succès de ton livre ». J'ai retenu la remarque. Dans mon livre *Rescapé de la mort*, le professeur Robert Dion, qui dirige l'un des services les plus réputés au monde en chirurgie cardiaque, écrivait dans la préface : « Guy est un miraculé de la médecine (...) mais comme il nous l'assène, "les miracles d'aujourd'hui ne servent qu'à convaincre ceux qui y croient déjà" ! »

Depuis, j'ai tellement souvent constaté la présence de Dieu dans ma vie ! Même les médecins ne peuvent expliquer ce qui m'est arrivé. Mon cardiologue de Dax, Xavier Dechenne, affirme à mon sujet avoir été « le témoin de plusieurs faits surprenants » Comme moi, il est Belge, et a choisi de vivre dans cette belle région qu'est le sud-Ouest de la France. C'est devenu un ami. Lui et Julien Laborderie, le spécialiste en chirurgie cardiaque qu'il m'a fait rencontrer, sont stupéfaits devant mon parcours médical. « On veut que tu vives longtemps parce que tu es une véritable énigme médicale ! » m'ont-ils dit.

Ils savent que si j'attribue mes guérisons à Dieu, je suis aussi reconnaissant de tout le travail que font les équipes médicales, des médecins aux infirmières et aux aides-soignantes, sans oublier le personnel d'entretien qui protège les malades en état d'extrême faiblesse contre les maladies nosocomiales. Mais comme l'ont confirmé les médecins qui m'ont soigné, cette chaîne de soins ne serait pas complète sans ma propre participation. Comme le dit le proverbe populaire : « Aide-toi, le Ciel t'aidera ».

Le malade a aussi un rôle à jouer pleinement pour participer à sa propre guérison ou éviter un accroc de santé, en menant une vie saine, en pratiquant régulièrement une activité sportive, en s'abstenant d'abus en tout genre, de l'alcool au tabac, sans oublier les médicaments de confort, de type somnifère ou autres. Pour ma part, cela ne m'a pas empêché de manger à ma faim, d'apprécier le vin et les alcools forts, et de fumer pendant 43 ans. Le plus dommageable, c'est l'excès. Mon épouse m'a beaucoup aidé en me faisant régulièrement des remarques tout en accentuant les dangers d'une trop grande consommation d'alcool ou de café. Entre ma conception de l'excès et la sienne, j'ai pu trouver un juste milieu.

L'AVC m'a débarrassé radicalement et sans effort du tabac auquel je ne touche plus depuis bientôt 15 ans. À la sortie de mon coma, j'avais complètement oublié que je fumais ! Les remarques de Brigitte m'ont convaincu de me passer définitivement des médicaments de confort. Enfin, la raison m'a conduit à modérer un peu ma consommation de vin et d'alcool fort. Si l'alcool peut être consommé avec modération, le tabac est à proscrire radicalement. Combien de femmes aujourd'hui souffrent d'un cancer du poumon, alors qu'elles en étaient épargnées il y a une trentaine d'années ! Que s'est-il passé ? Elles ont simplement acquis de plus en plus d'indépendance, et une des caractéristiques visibles de l'indépendance, c'est de fumer. Comme les hommes.

Combien de fumeurs, hommes ou femmes, à partir d'un certain âge, deviennent dépendants d'une bonbonne d'oxygène pour vivre à peu près normalement ? Que celles ou ceux qui ne sont pas convaincus se renseignent au sujet de l'emphysème pulmonaire, qui est une lésion définitive dont un des traitements consiste en l'oxygénation artificielle, partielle ou complète, 24 heures sur 24.

« En état de mort cérébrale »

Les lecteurs de mes deux précédents livres[3] savent que l'un des plus grands chirurgiens cardiaques de son époque, le professeur Robert Dion, avait écrit dans sa préface que personne n'était jamais sorti vivant d'une hémorragie méningée massive du tronc cérébral. J'en suis sorti après une trachéotomie, trois trépanations et un coma de 51 jours.

De même, les cliniques Saint-Luc à Bruxelles et l'ensemble des hôpitaux et cliniques du Pays Basque à Bayonne ont précisé que j'étais « resté plusieurs semaines en état de mort cérébrale ». Or, tout le monde sait que plus d'une minute de « mort cérébrale », c'est-à-dire avec un électroencéphalogramme plat, signifie la destruction des cellules du cerveau. Pour illustrer avec précision mon cas de mort encéphalique, j'ai effectué des recherches sur le web dont je vous livre ce résultat étonnant :

« Généralement, les morts encéphaliques font suite à un manque d'oxygène prolongé, après arrêt cardiaque par exemple, à des lésions traumatiques ou à un AVC. (…) Cette situation n'est possible que chez un patient qui se trouve en réanimation » selon le professeur Sigismond Lasoki, médecin anesthésiste réanimateur et chef du pôle ASUR (Anesthésie, SAMU, Urgences Réanimation) au CHU d'Angers. En pratique, le diagnostic de mort cérébrale s'effectue après que les médecins ont vérifié l'absence totale de réactivité, de réflexe archaïque, et que le patient ne respire pas seul. Toutes les fonctions cérébrales sont arrêtées, seules les fonctions cardiaques sont maintenues. « À partir de ce moment-là,

---

[3] *Rescapé de la mort*, Éditions Première Partie, 2012, et *51 jours de coma…Et après ?* Vida, 2012

on peut affirmer cliniquement que le patient est mort, explique le médecin réanimateur. Son cœur continue à battre parce que c'est un muscle qui a sa propre "pile" ; il continue à battre tant qu'il a suffisamment d'oxygène pour fonctionner, c'est-à-dire tant que le patient est branché à une machine pour le faire respirer. » Considéré comme mort, le patient n'a plus de raison de rester branché à une machine. La mort encéphalique est jugée irréversible[4]. Tout ceci pour attester de la réalité du miracle que j'ai vécu.

De miracle en miracle

Enfin, alors que mon hospitalisation touchait à sa fin, une IRM avait fait apparaître 43 cavernomes cérébraux, espèces de malformations des vaisseaux sanguins dans le cerveau. Un article d'*Allodocteurs.fr* qualifie cette anomalie de vraie « bombe à retardement. » Quant au professeur Guéritte, éminent neurophysiologiste belge qui travaillait aux cliniques Saint-Luc, il a qualifié mon cas, je cite, de « cas confinant au paranormal ». En effet, sans qu'il y ait le moindre doute sur la qualité des IRM réalisées, le professeur Guéritte et son équipe ont constaté avec stupéfaction que mes 43 cavernomes avaient disparu en l'espace de quatre jours !

À cette époque déjà, j'avais constaté la réalité des miracles, mais aussi les insoupçonnables propriétés du corps humain, capable de repousser ses limites bien au-delà des espérances des spécialistes. Il est des cas indiscutablement miraculeux. Je suis un de ces cas. Ma participation a seulement consisté à croire que j'allais m'en sortir !

---

[4] Extraits de l'article « Mort cérébrale : définition, causes, peut-on se réveiller ? » *in Le journal des femmes*, Article mis à jour le 08/11/19

Nouveau cœur

Contrairement à ce que j'avais cru à la sortie de mon coma, le Seigneur n'en avait pas fini avec moi. Depuis mon opération à cœur ouvert le 18 août 1989 pour me poser 5 pontages coronariens, à la suite d'un infarctus, j'ai toujours pris mes médicaments en temps et en heure, et je me suis rendu à chaque examen médical programmé par les spécialistes.

En septembre 2018, je me suis rendu chez Xavier, mon ami cardiologue, pour faire une échographie du cœur. L'examen des résultats prenait tellement de temps qu'à un moment donné, je lui ai demandé ce qu'il examinait sur l'ordinateur. Il m'a alors expliqué qu'il avait appris lors de ses études que, dans certains cas, on assistait à des phénomènes invraisemblables, à la limite entre la guérison et le miracle.

Nous avons tous à notre naissance, pour chacun de nos organes, une réserve de cellules-souches. Ces cellules-souches adultes sont très prometteuses pour l'avenir de la médecine, car elles sont la base du renouvellement naturel d'un tissu et de sa réparation à la suite d'une lésion. Nous perdons plus ou moins vite ces cellules-souches. Mais certaines personnes les conservent, sans qu'on sache trop pourquoi. Le cœur, en particulier, a 365 cellules-souches à la naissance. Chiffre curieux s'il en est ! Dans certains cas, le cœur, trop fatigué, va aller rechercher ces cellules et, en une nuit, s'auto-remplace par un nouveau cœur. Je ne comprenais pas très bien pourquoi Xavier me parlait de ce cas. Il m'expliqua alors que j'avais moi-même un nouveau cœur, qu'il s'était auto-réparé ! Devant ma stupéfaction, il m'invita à m'asseoir près de lui, devant l'écran de l'ordinateur. Il me montra l'échographie de juin 2018. On y voyait une petite griffe, trace indélébile d'un infarctus que j'avais eu le 10 juin 1989. Or, sur l'échographie de septembre, cette griffe avait disparu. Jacques Martin aurait dit : « Incroyable mais vrai ! »

Depuis 2005, on sait que cette autoréparation est possible mais qu'elle est extrêmement rare. Xavier lui-même m'a dit que c'était la première fois qu'il constatait ce qu'on lui avait enseigné vingt ans plus tôt.

J'ai retrouvé là encore un article prouvant que le cœur pouvait s'auto-réparer après un infarctus. « La découverte de cellules précurseur du développement cardiaque subsistant après la naissance et cultivables en laboratoire permet d'envisager que le cœur puisse " s'auto-réparer" en partie suite à une lésion, par la génération de nouvelles cellules cardiaques adultes. » précise-t-il[5].

Mais l'histoire n'est pas finie. Alors que j'étais à Paris en novembre 2012 avec mon médecin traitant, mais néanmoins ami, il se soucia du fait que j'avais de grosses difficultés à lui emboîter le pas. Effectivement, c'était le cas. Nous sommes rentrés à Dax mais il a voulu que j'aille immédiatement à l'hôpital de Bayonne. Arrivé là, on m'a fait un examen en urgence pour constater que mon rythme cardiaque était tombé à 32 pulsations/minutes et ma fraction d'éjection à 28. Quand ce dernier chiffre tombe en dessous de 30, on est en danger de mort. Il a fallu m'opérer en urgence pour me placer un triple défibrillateur cardiaque, un pacemaker et un synchroniseur.

Huit ans plus tard, on a constaté que mon cœur battait à 70 et ma fraction d'éjection était remontée à 57, ce qui constitue une réelle

---

[5] « Le cœur pourrait s'auto-réparer après un infarctus », Par Sami Biasoni, Futura, 22/02/2005, https ://www.futura-sciences.com/sciences/actualites/recherche-coeur-pourrait-auto-reparer-apres-infarctus-5521

performance à mon âge. Mais lisez ce que dit la documentation à ce sujet : « Aucune stratégie thérapeutique n'a permis de réduire la morbi-mortalité de l'ICFEP (Insuffisance Cardiaque à fraction d'éjection préservée) malgré l'utilisation de prognosis modifying drugs utilisées dans l'ICFER. Les recommandations de prise en charge basées sur des preuves restent limitées. »
Vous avez dit miracle ?

Peu de chances de survie

Le 20 juin 1989, lors de mon douzième examen médical de pilote d'avion, les médecins avaient découvert que je souffrais d'hypercholestérolémie mixte familiale, que deux des trois artères du cœur étaient bouchées à 100 %, et la troisième à 40 %. Ce sont les plaques d'athérome qui obstruent les artères et qui favorisent l'infarctus du myocarde. Après mon opération qui a suivi, j'ai dû prendre très régulièrement des médicaments pour maintenir le cholestérol à un taux acceptable. Toutefois, à part le professeur Robert Dion qui m'a opéré, les autres médecins n'auraient pas parié un kopeck sur mes chances de survie…

En octobre 2020, mon cardiologue Xavier m'a demandé d'aller passer une scintigraphie à l'hôpital de Bayonne. Cet examen consiste à injecter du produit radioactif dans les artères et le cœur et de voir, quatre heures plus tard, quel est leur état. Je m'attendais à ce que mes artères soient aussi bouchées que les Champs-Élysées à Paris un soir de grève de métro et de RER. Or, la doctoresse spécialiste de ces examens m'invita à passer dans son bureau pour me signifier qu'à son grand étonnement, il n'y avait pas de signe scintigraphique d'ischémie, ce qu'elle a confirmé par écrit ! Mais pour que le dossier soit complet, il faut ajouter les deux événements qui vont suivre.

« Guy, tu es fatigué »

Je reviens à mon AVC de 2006, et au fait d'avoir échappé à la mort, *in extremis*. Une semaine après les 51 jours de coma, j'ai été transféré aux cliniques universitaires Saint-Luc à Bruxelles pour faire le point sur la présence d'une quarantaine de cavernomes cérébraux. Comme je l'ai déjà raconté, le spécialiste de Saint-Luc avait constaté la disparition pourtant impossible des cavernomes à l'arrivée à l'hôpital.

Le lendemain, on me transfère à nouveau à Charleroi. Or, dans mon sommeil, le Seigneur me parle et me dit : « Ce cadeau extraordinaire ne t'appartient pas ! » Je comprends que je vais devoir témoigner en public de ce que le Seigneur a fait pour moi - ce qui m'a été confirmé en 2012 par une parole de connaissance. Je pose la question : « Seigneur, tu veux dire que je vais devoir aller témoigner ? Ce n'est pas possible, Seigneur ».

Environ 30 ans auparavant, je m'étais levé un beau matin avec une douleur au poignet gauche. Consulté, le médecin traitant m'avait déclaré que je souffrais d'un kyste synovial, ce qui n'est absolument pas grave. « On peut te l'enlever », ajouta-t-il. « C'est une petite opération effectuée en ambulatoire, mais le problème est que cela revient dans la majorité des cas. Je te le déconseille. » J'avais donc décidé d'en rester là. En quelques mois, la douleur avait disparu mais le kyste grossit démesurément et devint dur comme un caillou. C'était indolore mais particulièrement disgracieux, d'autant plus qu'il se trouvait pressé par le bracelet-montre.

J'explique donc au Seigneur qu'il serait trop facile pour un auditeur mal intentionné de me prendre en défaut : « Donc Monsieur, si j'ai bien compris, vos 43 tumeurs au cerveau, que nous n'avons jamais vues, ont disparu selon les médecins mais, par contre, la tumeur que tout le monde voit à votre poignet est, elle, bien présente. » Le Seigneur me dit : « Guy, tu es fatigué. Prends ton poignet gauche dans la main droite et dors. »

Le lendemain, je me réveille vers 5 heures du matin. Premier réflexe, j'ouvre ma main droite : incroyable, je le concède, mais, alors qu'il était visible à mon poignet depuis 30 ans, le kyste avait disparu !

« Qui est ce barbu ? »

Le deuxième évènement a eu lieu à la même période, alors que je me rapprochais de plus en plus de la date de sortie de l'hôpital, après ces longs jours de coma.

Ma cousine vint me voir. Je lui demandai tout de go :
- Quel est cet homme qui t'accompagnait chaque fois que tu venais ?
- Je venais seule, sauf une ou deux fois où mon fils m'a accompagnée.
- Non, ce n'était pas ton fils. C'était un barbu, dans une chaise roulante, qui a été amputé d'un pied ou d'une jambe.
- Je ne connais pas d'homme dans un fauteuil roulant.
- Il ressemblait à Michel, ton mari, mais avec une barbe.

Deux mois plus tard, Michel était embarqué à l'hôpital avec une plaie au pied, due au diabète. Peu de temps après, à cause d'un staphylocoque doré, on a dû l'amputer du pied. Quelques semaines plus tard, j'ai retrouvé Michel dans un fauteuil roulant, affublé d'une belle barbe grise. Comme dans ma vision.

Tout cela : la parole destinée à mon frère, le kyste disparu, la vision prémonitoire, me montre que le Seigneur prend toujours soin de moi. Je suis admiratif de tous ceux qui ne se posent aucune question. Personnellement, je ne cesse de chercher des explications et je ne croirai jamais que tous ces événements soient dus au hasard.

Chapitre 5

L'amour conjugal, un autre miracle

Je n' étais pas vraiment fait pour vivre en couple. Personne n'aurait misé un kopeck sur nous, Brigitte et moi. Et pourtant, 28 ans après, « le canard est toujours vivant », comme le dit Robert Lamoureux dans son sketch ! Ceux qui nous connaissent savent que c'est un véritable miracle si nous sommes encore ensemble.

Lorsqu'on tombe amoureux, on connaît l'amour fougueux des débuts, puis on attribue à son conjoint toutes les qualités du monde, et passé un certain temps, on est déçu : l'autre n'est qu'un homme ou une femme… Enfin, on finit par se dire qu'on est vraiment tombé sur le pire des maris, ou la pire des épouses à la surface de la terre. La vérité est au milieu : *In medio virtus*, disaient les Latins. Quand on se marie, on abandonne 50 % de sa liberté : ma liberté s'arrête là où celle de mon conjoint commence. Il faut le savoir !

La vie de couple n'est pas un long fleuve tranquille

Aujourd'hui, notre couple entame une coexistence pacifique et silencieuse qui a remplacé l'amour collégien des premiers temps. Âgé de plus de 13 ans que Brigitte, je suis un « vieux » à la maison. Je l'avais mise en garde contre notre différence d'âge il y a 28 ans quand je l'avais rencontrée, mais elle avait repoussé mes arguments d'un revers de main accompagné d'un sourire exaspéré… Alors que notre amour s'émousse, me voilà cerné de toutes parts par des interrogations, sans le moindre début de réponse :

- Aurions-nous décidé de nous marier par amour égoïste, en quittant simplement les sentiers coupables de l'adultère après huit ans de cohabitation maritale ?
- Est-ce bien par la volonté même de Dieu que nous nous sommes engagés sur la voie légale du mariage ?
- Allons-nous faire partie de ces cohortes de perdants du mariage qui traînent leur déception sur les routes du divorce ?
- Ou traversons-nous la crise qui menace l'immense majorité des époux depuis les années 1960 mais qui finit, parfois, par s'arranger ?

Pour être honnête, je pense qu'aucun de nous deux ne porte la majeure partie des causes de notre crise sentimentale. Depuis que je connais Brigitte, j'ai une fâcheuse tendance à toujours endosser la responsabilité de nos échecs sentimentaux. Il est certain que mon lourd passé de « handicapé du cœur », au sens figuré du terme, explique beaucoup de nos conflits conjugaux. Mais à force de vouloir porter tout le malheur du monde sur mes épaules, j'ai fini par laisser mon épouse se fourvoyer quant aux raisons profondes de ce fossé qui se creuse entre nous. Je suis plutôt du genre intellectuel cherchant des explications à tous les sujets, alors que Brigitte vibre surtout quand elle peut s'occuper d'enfants – qu'il s'agisse de ses petits-enfants ou des enfants de l'école où elle exerce comme AVS (aide de vie scolaire). Elle n'a pas son pareil pour prendre en charge un enfant autiste, dyslexique, dyspraxique, ou n'importe quel enfant dont l'état nécessite un accompagnement rapproché.

Je continue à croire que la seule issue possible est de m'en remettre au Seigneur. C'est après mon divorce, et ces douleurs qui déchirent le cœur de tous ceux qui ont vécu ce drame, que j'ai réellement médité sur le sens de la prière, sa signification profonde, son renouvellement perpétuel. C'est à partir de ce moment que j'ai mieux compris ce chemin de sanctification que nous devons tous emprunter, sous peine de perdre notre salut. J'attire ici l'attention des chrétiens assidus à la prière sur le fait qu'il ne suffit pas de louer le Seigneur quotidiennement en psalmodiant que « ses plans sont meilleurs que les nôtres ». Encore faut-il mettre en application ce principe. J'ai longtemps cru que l'homme (comme la femme) préférait vivre seul plutôt qu'en couple. Pourtant, dans Genèse 2.18, Dieu affirme le contraire. Si j'ai pensé cela pendant des années, ce ne peut donc être qu'en raison d'un certain égoïsme. Aujourd'hui je crois que l'une des exigences à remplir pour un couple est de prier à deux. Mais souvent, une fois franchi le cap qui consiste à se tourner ensemble vers Dieu, se pose le problème de la synchronisation : il faut s'agenouiller, et prier ensemble. C'est-à-dire : pas nécessairement au même endroit mais en même temps. Malheureusement, très souvent, l'un des membres du couple considère que, quand son conjoint prie à voix haute, il règle ses comptes avec l'autre. Si c'est vraiment le cas, il est alors grand temps pour ce conjoint de se mettre à genoux et d'implorer la guérison de son cœur. La vie de couple n'est pas une vie de comptable, qui enregistre tous les gestes de la vie quotidienne pour pouvoir un jour les ressortir sous forme de reproches à l'égard de l'autre. La prière conjugale n'empêche pas l'intimité personnelle avec le Seigneur. Chacun a besoin de son jardin secret, sans pour autant avoir quelque chose à cacher.

Personnellement, je ne me sens pas capable de rendre mon épouse heureuse sans l'aide de Celui que je vénère. La Bible m'a aussi appris à apprécier les qualités de ma conjointe. Par exemple, Proverbes 31.10 : « Une femme courageuse, qui la trouvera ? Elle a plus de valeur que des bijoux ». Ou encore Proverbes 19.14 : « On peut hériter de ses pères une maison et des richesses, mais une femme intelligente est un don de l'Éternel ». Pour ce qui est de l'intelligence féminine, voici une anecdote savoureuse : Un journaliste interrogeait Marie Curie, Prix Nobel de physique en 1903 et de chimie en 1911. Seule femme à avoir jamais reçu deux Prix Nobel, elle avait quitté la Pologne parce que son pays natal interdisait certaines études supérieures aux femmes. Le journaliste lui demanda ce que ça faisait de vivre avec un génie. Elle répondit : « Je ne sais pas. Demandez à mon mari… »
Je ne me lasse jamais de relire ces mots d'un écrivain chrétien : « La

vie d'un homme peut être considérablement enrichie par la présence d'une femme sage, intelligente, cultivée, bien élevée. Le temps n'use pas ces choses, la beauté est passagère, c'est un bien provisoire… mais la beauté de l'esprit, la richesse de l'intelligence et la tendresse du cœur, ça ne flétrit pas, au contraire : ça s'améliore avec les années[6]. »

Traverser les épreuves de la vie ensemble reste possible, surtout sous la houlette du Seigneur. Uniquement sous la houlette du Seigneur, devrais-je dire. D'expérience, je peux affirmer que Dieu respecte le libre arbitre de chacun et qu'il prend plaisir à bénir les couples, surtout si les deux conjoints viennent ensemble s'agenouiller au pied de la croix. La vraie clé du bonheur en couple est de se demander ce que je peux changer en moi pour rendre l'autre heureux, plutôt que de se demander quand l'autre va changer pour rendre heureux son conjoint. Avec le temps, j'ai compris qu'avant d'attendre que mon épouse soit parfaite, c'était à moi de balayer devant ma porte.

Tous les deux, nous avons voulu honorer notre Dieu. Ce fut difficile pour l'un comme pour l'autre, mais Il a accompli des miracles pour nous. Ensuite, Il a été d'une patience inouïe avec les deux pécheurs que nous étions.

Le miracle de la conversion

Quand je me suis converti en Chine en mars 1999, et que j'ai remis toute ma vie entre les mains de Dieu, j'imaginais dans l'avion revenant de Pékin que nous allions connaître, Brigitte et moi, un nouveau départ dans notre couple. C'était faire peu de cas du fait que

---

[6] *Un Tramway nommé Désir*, pièce de théâtre de Tennessee Williams.

Brigitte n'avait pas encore donné son cœur au Seigneur. J'ai voulu rester positif et je lui ai proposé de partir 15 jours au Kenya pour un safari-photo avec les enfants. J'avais seulement envie de me reposer et de passer un bon moment en famille pour me reconstituer. Mais je n'avais pas imaginé à quel point le Seigneur allait faire le siège de Brigitte pour qu'elle rejoigne sa grande famille.

En arrivant à Nairobi, j'ai été surpris d'apprendre que notre chauffeur était chrétien. À Mombasa où nous sommes partis après le safari pour nous reposer le long de l'océan, on m'a présenté le directeur de l'hôtel qui lui aussi, était chrétien. Plus tard, les enfants ont rencontré deux jeunes filles de leur âge : elles et leur père, que nous avons eu l'occasion d'inviter à notre table, étaient également chrétiens. Brigitte et moi, bien que restant silencieux n'en étions pas moins surpris et dubitatifs. Comme si Dieu s'invitait lui aussi dans notre couple. Revenant d'une séance de surf et de planche à voile (le fils cadet de Brigitte, Jonas, s'en sortait bien, tandis que moi, j'ai passé l'heure à essayer de monter sur cette maudite planche), j'ai retrouvé Brigitte et son fils aîné Gaël occupés à bronzer sur la plage avec un petit Kényan, du nom de Simon. Orphelin, errant dans la rue depuis que ses parents étaient décédés du Sida, ce môme de neuf ans nous a bouleversés par sa situation. Nous nous sommes beaucoup attachés à lui. Les enfants ont joué sur la plage avec lui comme s'ils le connaissaient depuis toujours.

Nous nous sommes retrouvés pour le repas de midi dans la paillote réservée aux clients de l'hôtel installée sur la plage. Tout le monde était assis et attendait avec impatience que j'arrive pour goûter enfin aux spécialités kenyanes. J'ai demandé : « Mais où se trouve Simon ? » Les enfants n'avaient pas osé l'inviter. Je suis donc allé le chercher à l'entrée du restaurant. Des agents de sécurité m'ont alors expliqué que ce dernier était interdit... aux gens de couleur ! Inutile de vous décrire ma réaction. Simon a rejoint notre table sans autre forme de procès.

Le gamin parlait un peu l'anglais, nous arrivions à nous comprendre, tout se passait bien. J'étais sidéré de son appétit et heureux de le voir manger de bon cœur. Cela devait faire longtemps qu'il n'avait pas mangé à sa faim. Au moment du dessert, il a commandé une glace pantagruélique. Mais avant même de l'entamer, Simon a posé ses couverts pour m'interroger. Je ne comprenais pas sa demande. Ma connaissance du kiswahili étant très pauvre, j'ai prié le chef de table d'interroger Simon que je soupçonnais d'avoir eu les yeux plus grands que le ventre. Et là, stupéfaction : Simon a expliqué qu'il n'avait jamais mangé un aussi bon repas et demandait, avant d'attaquer son délicieux dessert, s'il pouvait remercier Jésus de lui avoir procuré un tel festin. Brigitte et moi avions des larmes dans les yeux, plein d'admiration pour la foi de ce jeune garçon. Le Seigneur rappelait aussi au jeune chrétien que j'étais devenu, que Simon, lui, avait pensé à remercier le Seigneur, contrairement à moi ! C'est un des événements qui a profondément touché le cœur de Brigitte et l'a peut-être mise sur le chemin du salut. À son baptême, elle témoignera de cet évènement comme le signe que le Seigneur ne la lâcherait pas. De mon côté, j'ai constaté à l'époque combien je ne connaissais pas ma femme. Elle a toujours été moins expansive que moi. Est-ce un défaut ? Je suis tellement expansif que j'en deviens souvent encombrant… Je ne savais pas non plus alors à quel point le Seigneur allait se servir de Brigitte pour me ramener à la vie.

Sauvé de la mort par la voix de Brigitte

J'ai raconté comment, le 5 mai 2006, j'avais été terrassé par un AVC, qui m'avait laissé longtemps dans le coma. Après 46 jours sans la moindre réaction, pendant lesquels j'avais perdu plus de 50 kg, les médecins avaient décidé d'appeler mon fils et mon frère pour leur révéler que, depuis plusieurs semaines, j'étais en état de mort cérébrale. Cela signifiait que mon électroencéphalogramme était plat et que mon cerveau n'avait pas été alimenté en oxygène pendant de longs moments. Il n'y avait donc plus aucun espoir de me voir sortir de ce coma. Et si, par extraordinaire j'en sortais, ce serait pour mener une vie végétative. Mon fils était partisan d'arrêter les machines qui me maintenaient artificiellement en vie, alors que mon frère, fervent chrétien, a catégoriquement refusé cette solution. Il avait reçu dans la prière la conviction que je n'allais pas mourir et que je n'aurais pas de séquelles irréversibles. Les médecins insistaient, mais ils ont respecté l'avis de mon frère qui était alors la personne qui m'était la plus proche.

C'est alors qu'intervint ma cousine Christine, qui priait chaque jour dans ma chambre à mes côtés, me parlait et guettait le moindre mouvement : devant le danger d'un arrêt imminent des soins, elle crut bon d'appeler Brigitte, qui n'avait pas été consultée. À mon grand désespoir, Brigitte avait décidé de me quitter deux ans auparavant et vivait à mille kilomètres de là. J'avais beaucoup prié mais mon épreuve était loin d'être terminée. Mon frère en avait conclu que l'attitude de Brigitte avait provoqué mon AVC et que, dès lors, il ne fallait même pas la prévenir. Et puis, ce petit bout de femme d'un mètre soixante n'aurait pu supporter le choc de me voir inconscient, des drains dans le cerveau et un respirateur planté dans la gorge. C'est ainsi qu'elle n'apprit mon accident que 22 jours après... (Ce qui donna lieu plus tard à une explication assez musclée entre les deux frères.)

Christine a donc appelé Brigitte pour l'informer que nous étions très près de la fin de notre aventure, parce que les médecins n'avaient d'autre solution que de me débrancher. Elle lui a dit : « D'après les médecins, c'est fini. Il n'y a plus rien à faire. Mais moi je sais. Dieu me l'a révélé. Rien n'est fini ! » et lui a demandé instamment de me parler. Surprise, Brigitte a cru comprendre que j'étais sorti du coma. Elle aussi, avait du mal à affronter la vérité de front. À l'hôpital, un médecin a apporté un téléphone que l'on a calé sur mon oreille. Brigitte m'a parlé ainsi : « Tu m'as toujours promis que nous vieillirions ensemble, que tu ne me quitterais jamais. Et maintenant, que fais-tu ? Tu m'abandonnes ? Je t'en prie, ne me laisse pas. Sors de là. Fais un signe si tu m'entends. »

À ce moment-là, il s'est produit un incroyable évènement : des larmes ont coulé de part et d'autre de mon visage. Christine a exulté de joie : « Brigitte, c'est incroyable ! Je ne sais pas ce que tu lui as dit mais il a réagi ! Il t'entend ! Des larmes coulent sur son visage ! » Les médecins n'en sont pas revenus. Ils ont décidé de ne pas me débrancher. Voilà comment Brigitte m'a rattrapé par le col de la chemise (que d'ailleurs je ne portais pas) pour me ramener du côté de la vie… Cinq jours plus tard, après 51 jours de coma, j'ouvrais les yeux et j'interpellais ainsi le médecin assis sur mon lit : « Docteur, vous pouvez enlever votre masque, je vous ai reconnu ! » Je n'avais pas perdu mon sens de l'humour.

À la sortie de mon coma, Brigitte m'a considérablement aidé à remonter la pente car, moi qui me considérais comme un colosse prêt à sauver la planète, je me retrouvais complètement diminué, sans défense. Elle m'a réappris à marcher, à écrire. Elle a pris soin de moi, m'a pouponné, réconforté. Nous passions des heures à nous parler, et vivions des moments intenses d'amour partagé, de fous rires, de complicité, comme de nouvelles bases pour notre couple, une nouvelle aventure.

Quand je me remémore cet épisode, je m'en veux parfois de douter encore de la volonté du Seigneur pour notre couple. Nul ne connaît l'avenir, mais si nous restons dans ses voies, nous finirons notre chemin ensemble.

Sans Dieu, nous n'avions aucune chance

Souvent des chrétiens me consultent pour savoir s'ils peuvent divorcer ou quitter leur conjoint. Le Seigneur dit : « que l'homme ne sépare pas ce que Dieu a uni » (Marc 10.9). Jamais je ne prendrai la responsabilité de conseiller quelqu'un avant de connaître toutes les informations. Les chrétiens ne sont pas différents des autres. Il est possible que l'un des conjoints soit capable de maltraiter l'autre. Tous les trois jours, en France, une femme meurt sous les coups de son mari. 27 maris sont décédés sous les coups de leurs femmes en 2019, 16 en 2020.

Le couple peut s'adresser à un psychologue, chrétien si possible. Si chacun veut sincèrement honorer l'engagement qu'il a un jour pris envers son conjoint, et qu'au travail du psychologue vient s'ajouter la bénédiction du Seigneur, alors il n'y a pas de raison que le couple ne se rétablisse pas. En ce qui me concerne, je peux dire aujourd'hui que sans Dieu, nous n'avions aucune chance d'y arriver.

Finalement, je crois que pour sauver son couple, il faut prier Dieu et s'attendre à un miracle, pas moins. Mais attention : il ne faut pas rester dans la demi-mesure. Comme pour les malades qui supplient Dieu d'intervenir, croyons pleinement que Dieu veut notre bonheur. Et attendons-nous au miracle ! Les plans de Dieu sont meilleurs que les nôtres. Si l'un des deux conjoints ne veut rien entendre, il n'y a que deux solutions : continuer la route avec son conjoint ou se séparer de lui. Mais dans le premier cas, ne soyons pas impatients et faisons entièrement et définitivement confiance au Seigneur.

Chapitre 6

La mort n'est qu'un passage

La mort n'est qu'un passage.
Je suis seulement passé dans la pièce d'à côté.
Je suis moi, Vous êtes vous.
Ce que j'étais pour vous, je le suis toujours.
Donnez-moi le nom que vous m'avez toujours donné
Parlez-moi comme vous l'avez toujours fait.
N'employez pas un ton différent.
Ne prenez pas un air solennel ou triste.
Continuez de rire de ce qui nous faisait rire ensemble.
Priez ou ne priez pas. Souriez, pensez à moi.
Que mon nom soit prononcé à la maison comme il l'a toujours été.
Sans emphase d'aucune sorte,
Sans aucune trace d'ombre.
La vie signifie tout ce qu'elle a toujours été.
Le fil n'est pas coupé. Pourquoi serais-je hors de vos pensées
Parce que je suis hors de votre vue ?
Je ne suis pas loin. Juste de l'autre côté du chemin.

Ce texte a été attribué par erreur à l'écrivain français Charles Péguy, né en 1873 et mort au début de la première guerre mondiale en 1914. Il illustre ce sentiment que la mort n'est pas une fin, mais que la vie continue sous une autre forme dans l'au-delà, comme l'attestent aussi ceux qui ont vécu des expériences limites, ce qu'on appelle une « expérience de mort imminente » le plus souvent à la suite d'un coma, ou d'un arrêt cardiaque. Depuis la fin du siècle, notamment les années 1990, nos connaissances dans ce domaine ont connu une formidable évolution.

La vie après la vie

Alors que j'étais encore tout jeune enfant, j'ai été interpellé par la majesté et la beauté de la nature : sa faune, sa flore, ses montagnes majestueuses et ses paysages étonnants. J'étais fasciné par les phénomènes climatiques, les tempêtes, les ouragans, les chutes de neige, sans oublier les tremblements de terre... Mais j'étais aussi bouleversé par les tragédies telles que les guerres, les pandémies, les famines dans certaines régions. Je n'avais que 5 ans mais je voulais déjà comprendre les secrets de l'univers. Je me disais que tout cela ne pouvait être créé que par quelque chose qui me dépassait.

J'ai lu beaucoup de livres sur tous ces sujets, la nature, les phénomènes naturels, le mal dans le monde, les avancées de la science, la vie et la mort, mais surtout, j'ai eu la chance de tomber un jour sur le livre de référence du Docteur Raymond Moody : La vie après la vie. Puis sur son deuxième ouvrage : *Lumière sur la vie après la vie.* Pour la première fois, un médecin s'intéressait à ce que racontaient des patients qui avaient été déclarés cliniquement morts mais qui, contre toute attente, étaient revenus à la vie. Il citait les points communs à leurs expériences : la traversée d'un tunnel, la vision d'une lumière intense, l'ambiance ressentie, ô combien apaisante, le sentiment d'être aimé de façon inconditionnelle. Beaucoup d'auteurs ont été interpellés par ce phénomène, connu à l'époque sous le nom de NDE (Near Death Experience) ou en français EMI (Expérience de Mort Imminente).

Le temps a passé sans que je n'arrête de m'intéresser à ces sujets existentiels. J'ai ainsi découvert que le premier à avoir parlé du tunnel était Platon dans « le mythe de la Caverne », extrait du livre VII de *La République.*

On retrouve dans les témoignages d'EMI de nombreux cas de personnes ayant vécu des décorporations (expériences ou sensation de sortie de son propre corps). Moi-même, lorsque j'avais 8 ou 9 ans, j'ai eu l'occasion de commencer ma vie par une expérience extraordinaire. À l'époque, je faisais régulièrement un terrible cauchemar. Je ne peux plus aujourd'hui vous raconter de quoi il s'agissait, car je l'ai oublié, mais il était si effrayant que dès que je le vivais, je m'asseyais sur le bord de mon lit, pour être sûr de ne pas me rendormir et d'affronter je ne sais quel monstre sorti de mon imagination fertile. Bien évidemment, mon état de fatigue pendant la journée s'en ressentait. Un jour, alors que je réfléchissais à ce problème qui me pourrissait la vie, je me suis dit que c'était complètement ridicule, que ce n'était qu'un rêve, et qu'il me suffirait pendant mon cauchemar d'en prendre conscience. Raisonnement étonnant pour un enfant de 9 ans.

Une nuit, j'ai revécu mon cauchemar. Je me suis rappelé mon raisonnement, et je me souviens qu'à partir de ce moment-là, je me voyais planer au ras du plafond de ma chambre, juste au-dessus de mon lit. Je me suis dit : « Stop, ce n'est qu'un stupide rêve et tu vas arrêter de me pourrir la vie. » À ce moment précis, j'ai réintégré mon corps à une vitesse inimaginable, je me suis senti incroyablement bien, littéralement libéré, et je me suis rendormi immédiatement. Plus jamais je n'ai fait ce cauchemar, mais je ne savais pas que j'avais vécu involontairement une réelle expérience de sortie hors du corps. Je suis d'ailleurs persuadé que je pourrais réitérer cette expérience, même si je ne souhaite pas jouer avec ce type de phénomènes, encore peu connus de la science actuellement.

Depuis les années 1970, la science et la médecine occidentale ont nié systématiquement toute situation non expliquée scientifiquement. À ce mouvement dit matérialiste, a succédé vers le début des années 1990 une tendance postmatérialiste. Au cœur de ce dernier mouvement, il y a les expériences de mort imminente. Mais aussi les perceptions extrasensorielles (PES ou ESP), les phénomènes de décorporation ou « expériences de sortie hors du corps » (Out of Body Experiences, OBE), les États Modifiés de Consciences non-ordinaires (EMC), etc.

S'agissant des EMI, on peut légitimement s'interroger sur les fonctions du cerveau et sur la nature de la conscience. Comment est-il possible que certaines personnes, après avoir connu un état de mort apparente ou cérébrale, pendant lequel le cerveau s'arrête de fonctionner, reviennent à la vie avec une mémoire intacte et peuvent restituer de manière extrêmement précise ce qui s'est passé pendant l'intermède ? Des centaines de scientifiques (neurologues, médecins, physiciens, biologistes, mathématiciens) ont étudié les EMI. Einstein a d'ailleurs dit que la mort n'existait pas, parce que l'énergie ne pouvait pas mourir. La conscience serait postmatérialiste, elle survivrait à la mort du corps. Ceux qui ont vécu des expériences de mort imminente donnent des témoignages souvent très semblables. Les EMI sont marquées par une série de caractéristiques communes :

- Impression de vivre dans un espace diaphane, baigné d'une lumière très forte mais très douce.
- Sensation de paix.
- Sortie du corps. On voit tout, on flotte au-dessus de son corps. On est comme hors du temps ; la seconde et l'éternité semblent identiques.
- État de félicité indescriptible, sentiment d'être aimé inconditionnellement, comme on ne peut le ressentir sur terre.
- Accueil dans un tunnel par différents êtres de lumière, connus ou inconnus qui inspirent la confiance.
- Sentiment de ne pas être jugé, sinon par soi-même. On sent qu'on doit devenir meilleur.
- Volonté de demeurer dans cet état. Mais les êtres qui apparaissent disent qu'il faut redescendre, que l'heure n'est pas encore venue, que l'on a encore une mission à accomplir.

- Vision de sa vie en accéléré.
- Réintégration du corps à très grande vitesse.
- Constatation que la mort n'est pas une fin. Dès lors, on ne connaît plus ce sentiment de peur de la mort.

Mon expérience de coma

Même si les EMI, expériences pourtant éminemment personnelles et subjectives, ont de nombreux points communs, elles diffèrent aussi sur certains points. Il arrive que certaines personnes entendent pendant leur coma. Personnellement, je pensais que je n'entendais rien dans mon coma et bien sûr, que je ne voyais rien. J'ai changé d'avis. Je suis désormais sûr que j'ai entendu, mais, dans mon cas, la mémoire a été tellement impactée que je pense que j'oubliais immédiatement ce que j'entendais. Plusieurs jours après mon réveil, j'ai interrogé ma cousine Christine. J'étais encore sur mon lit d'hôpital et je lui ai demandé qui était l'homme assez corpulent qui était venu prier pour moi avec elle pendant mon coma. J'ai donné de cet homme une description parfaitement exacte alors que je ne le connaissais pas et que je ne l'avais jamais vu. J'ai aussi décrit avec précision les habits que portait ma cousine ce jour-là. Comment ai-je pu voir autrement qu'en esprit ? De même, ma femme, lorsqu'elle a été interviewée pour mon premier DVD raconte : « Aujourd'hui, il ne s'en souvient pas, mais à son réveil, il a eu besoin de me parler de choses impressionnantes qui l'avaient marqué dans le coma. » Elle voulait dire que j'en étais encore frappé, que cela pouvait faire peur. C'était six ans après mon coma. Je l'ai interrogée et elle m'a alors raconté cet épisode à tout le moins impressionnant.

De même, je reste persuadé que Brigitte a joué un très grand rôle dans mon retour à la vie, comme je l'ai raconté au chapitre précédent, alors que j'étais en état de mort cérébrale depuis plusieurs semaines : mon électroencéphalogramme était plat. Lorsque Brigitte m'a dit à travers le téléphone collé à mon oreille que je lui avais toujours promis qu'on vieillirait ensemble, que je ne la quitterais jamais mais que maintenant je ne tenais pas parole, à ce moment précis, les larmes ont coulé sur mes joues. Si j'ai pleuré à ces paroles de réconfort et d'amour, c'est bien que je les avais entendues, alors que j'étais inconscient. Son amour a suscité en moi une vive émotion, et le processus d'interruption des machines a immédiatement été stoppé. Je ne suis pas médecin, mais j'attends toujours une explication sérieuse sur ce qui s'est alors passé. Plusieurs médecins m'ont clairement dit que c'était inexplicable autrement que par un miracle, et jamais un médecin n'a contesté cette version.

Pas d'explications aux EMI

En 2012, l'hôpital où j'avais vécu mon coma m'a proposé de faire partie d'une cellule qui étudie les phénomènes des EMI, et d'aller témoigner de ma propre expérience dans des universités de médecine. Les responsables de l'hôpital pensaient que je serais plus crédible que quiconque pour parler de ces aventures vécues pendant mon long coma. Mais il n'y a finalement pas eu de suite à ce projet.

Pour l'heure, les neurologues ne parviennent pas à expliquer les EMI. Tous ceux qui sont revenus à la vie après une telle expérience considèrent que la mort n'est pas une fin et que, quand on l'approche de si près, elle n'est pas triste. Cela rejoint l'analyse de la prestigieuse revue scientifique *The Lancet*, selon laquelle la conscience serait indépendante du cerveau et continuerait à exister après le décès dans une autre dimension : « L'hallucination est idiosyncrasique, jamais partout la même, alors que les gens qui sortent d'une EMI disent tous la même chose, utilisent les mêmes mots pour décrire ce qu'ils ont vu ! » a déclaré en 2011 dans *The Lancet* Pin Vanlommel, cardiologue hospitalier néerlandais. Il a été prouvé qu'au cours d'une EMI, on éprouve une « conscience élargie », indépendamment de l'activité cérébrale. Les recherches sur le cerveau ne parviennent pas, à ce jour, à expliquer les expériences de mort imminente. Une telle constatation modifie la compréhension de certains chercheurs sur la mort : la conclusion inévitable est qu'au moment de la mort physique, la conscience continuer d'exister dans une autre dimension, dans un monde invisible et immatériel ! C'est une constatation bouleversante sur le plan scientifique.

Beaucoup de recherches confirment qu'il ne s'agit pas d'hallucinations. Des malades à leur « retour à la vie » après avoir vécu une expérience de mort imminente, rapportent des conversations qui ont réellement eu lieu entre les membres du personnel médical, mais ils sont aussi capables de décrire comment chacun est coiffé, habillé... Certaines personnes en état de mort apparente sortent de leur corps et voient des amis présents chez eux, à des centaines de kilomètres, ou des personnes qui sont dans la salle d'attente, ce qui se vérifie après leurs déclarations.

Le professeur Steven Laureys, neurologue belge mondialement connu pour ses travaux sur la conscience et le coma, étudie les EMI. Selon lui, elles n'ont rien à voir avec le cerveau. Aucune des hypothèses n'est cohérente avec ce que l'on sait du fonctionnement du cerveau : il est ainsi incompréhensible que, quand le cerveau s'arrête de fonctionner pendant 15 à 30 secondes, il puisse repartir et fonctionner à nouveau ; il est donc étonnant que des gens puissent raconter ce qu'ils ont vécu alors que leur activité cérébrale était nulle.

L'étude de certains cas particuliers démontre que tout le monde est susceptible de vivre une expérience de mort imminente. Des enfants, pourtant faiblement influencés par des éléments religieux, sont capables de vivre, raconter et dessiner ce qu'ils ont vu ou éprouvé, comme par exemple un homme qui flotte au-dessus d'un corps au ras du plafond. Les aveugles de naissance, n'ont, eux, jamais rien vu de leur vie. Quand ils rêvent, ils rêvent de choses qu'ils connaissent, et se repèrent par le toucher, par des sensations auditives, par l'odorat. Or, s'ils vivent une EMI, ils voient ce qu'ils ne peuvent voir avec leurs yeux de chair : la couleur des cheveux des médecins présents, comment ils sont coiffés, quelle bague ils portent...

Dans le monde occidental, on estime à 4 % les individus qui auraient vécu une EMI ! En France, des colloques ont lieu régulièrement pour faire avancer le mouvement postmatérialiste. M'étant beaucoup intéressé aux études des neurosciences françaises et américaines, j'ai apprécié dans ce domaine les écrits de Sylvie Déthiollaz, docteur en biologie moléculaire, présidente et directrice de l'Institut Suisse des Sciences Noétiques (ISSNOE), qui s'intéresse aux états modifiés de la conscience.

Depuis des siècles, on pense que la conscience découle de la matière. En neurosciences, on pensait que c'était le cerveau qui produisait la pensée, comme le foie sécrète la bile. Mais cette vision est matérialiste, il faut aujourd'hui la dépasser. Le système matérialiste échoue à expliquer comment le cerveau gère l'esprit. Selon le Docteur Mario Beauregard, chercheur en neurosciences à l'université d'Arizona aux États-Unis : « L'esprit, c'est l'ensemble des fonctions mentales, conscientes et inconscientes, donc les pensées, les émotions, les intentions, la mémoire, etc. » Scientifiquement, on nomme ce phénomène « esprit » ou « conscience ». Les cellules du cerveau sont les mêmes que les autres cellules du corps. Or, il est impossible à quelque scientifique que ce soit d'expliquer comment le cerveau peut générer la pensée, l'intelligence, les réflexions.

L'hypothèse que la conscience serait première

Mais alors, d'où proviennent nos pensées, notre conscience ? Thierry Janssen, ancien chirurgien et fondateur d'une école destinée aux médecins et personnels soignants, est arrivé à la conclusion que ce n'est pas la matière qui crée la conscience mais plutôt l'inverse : c'est la conscience qui crée la matière ! Même s'il se cantonne à une position dogmatique, il formule une hypothèse séduisante qui a le mérite de répondre à des questions sur lesquelles butent d'autres savants : c'est la conscience qui crée la matière. Cela signifie que quand le cerveau meurt, la conscience, l'esprit ne meurt pas. Selon le professeur Pierre Chambon, biologiste et généticien français, fondateur de l'Institut de génétique et de biologie moléculaire et cellulaire, c'est actuellement l'hypothèse la plus plausible. Cette hypothèse serait compatible avec la Bible, la Création du monde par la Parole, les miracles, la Trinité… Voilà qui donne vraiment à réfléchir.

En plus des EMI, de nouveaux phénomènes nous montrent que la conscience peut se délocaliser. J'ai moi-même vécu une seule fois le phénomène de décorporation mais certaines personnes sont capables de répéter l'expérience à volonté. Cela signifie qu'en sortant de leur corps, des personnes parviennent à voir des objets, des textes ou des dessins qui se trouvent dans un autre local, qu'ils n'ont pas pu voir avant ! La conclusion, c'est que la conscience est capable de faire certaines choses qui ne sont pas explicables avec le modèle actuel des neurosciences. Le modèle d'explication matérialiste de la conscience par les neurosciences actuelles ne tient plus.

Certains ont peut-être vu ou entendu parler du film dont le titre est *21 grammes.* Le scénario repose sur l'idée que nous perdons tous 21 grammes au moment précis de notre mort... C'est en tout cas l'hypothèse d'un médecin américain après des recherches effectuées au début du XXe siècle démontrant que l'âme humaine aurait une masse estimée à 21 grammes. Au moment de la mort, l'âme s'échapperait du corps humain, qui se retrouverait allégé d'autant. Une équipe de chercheurs français s'est, elle aussi, intéressée à ce phénomène. Elle a cherché à savoir si quelqu'un qui se décorpore modifie l'atmosphère de la pièce dans laquelle sa conscience se déplace. Devant l'échec de cette méthode, l'idée est venue de peser le sujet là où il se trouvait. La seule fois où il est parvenu à sortir de son corps, la balance a indiqué 45 grammes en moins. Cette expérience tendrait à prouver que la conscience n'a pas besoin de l'énergie du cerveau pour se délocaliser. Dès lors, on peut conclure que si le cerveau s'arrête, il est tout à fait possible que la conscience (l'esprit) continue à exister et survive à la mort du corps physique.

Il faut noter que les chercheurs d'aujourd'hui sont en majorité convaincus que notre monde actuel n'a pas trois dimensions mais bien onze. Les sept dernières étant des dimensions vibratoires. Rappelons que l'espace-temps est le monde à trois dimensions dans lequel nous vivons : la longueur, la largeur et la profondeur. La quatrième dimension est le temps. Mais les physiciens considèrent qu'il y a d'autres dimensions cachées. La mécanique quantique considère qu'il y a les quatre dimensions que nous connaissons, que l'on mesure, pour certaines d'entre elles, avec des télescopes et autres appareils. Mais certains physiciens estiment qu'il y a une réalité ultime qui est différente de la réalité apparente, qu'ils appellent « le réel voilé », que l'on ne peut actuellement mesurer avec les instruments existants. Depuis la fin des années 1990, il a été démontré que le vide contient des informations, et donc qu'à partir de ce moment-là, il existe des mondes invisibles. Les travaux des physiciens d'aujourd'hui visent à comprendre la structure du vide.

De la même façon, certains physiciens considèrent qu'il y a une vie après la mort parce qu'en dehors du corps, il y a l'âme. Ils pensent qu'il y a des informations quantiques relatives aux corps. Or, les informations quantiques sont en dehors du temps et de l'espace. Donc, à la mort du corps, le système d'information recelant les informations quantiques a toutes les raisons de subsister à la mort ! Malheureusement, la communauté scientifique dans sa majorité trouve incongru de parler de spiritualité. Pourtant, tout le monde sait maintenant qu'elle s'y intéresse. À cet égard, il faut différencier la spiritualité de la religion : la spiritualité est le caractère de ce qui est propre à l'âme, à l'esprit des êtres et des choses, alors que la religion est une croyance qui amène à vivre selon une certaine éthique, à une pratique conforme à cette croyance.

Si certains scientifiques restent embarrassés par la coexistence de phénomènes scientifiques et spirituels, laissons à chacun son libre arbitre. Quant à moi, je citerai Einstein : « Croire que Dieu n'existe pas, et croire que notre monde est le résultat du hasard, c'est comme croire qu'une charge d'explosifs pulvérise une imprimerie et que les lettres en retombant composent, par hasard, l'encyclopédie de Diderot. » En fait, la rencontre avec Dieu sous-entend que nous soyons réceptifs et que nous ne nous enfermions pas dans une tour de laïcité imprenable.
La physique quantique permet de faire une place à la spiritualité, pour ceux qui, comme moi, veulent comprendre et dès lors bâtir une foi plus solide, plus structurée qui permettra d'affronter les épreuves de la vie, et particulièrement l'ultime épreuve que nous ayons à traverser : la mort.

Tous ces phénomènes, ces avancées scientifiques continuent de me fasciner et me permettent de comprendre combien la matière est habitée par l'esprit.

Chapitre 7

Quand science et spiritualité veulent bien se donner la main

« La première gorgée, quand on boit au verre de la science, nous amène à l'athéisme. Mais quand on arrive au fond du verre, c'est Dieu qui nous y attend » a pu dire Heisenberg. (Werner Heisenberg, physicien allemand né en 1901 et mort en 1976 est le fondateur de la mécanique quantique). Je partage sa conviction qu'au fond, ultimement, science et foi se rejoignent. J'ai constaté aussi combien faire travailler notre intelligence pouvait nous amener à découvrir le sens caché de bien des passages bibliques.

La physique quantique pour les nuls

La physique quantique est l'appellation générale d'un ensemble de théories physiques nées au XXe siècle qui décrivent le comportement des atomes et des particules, et permettent d'élucider certaines propriétés du rayonnement électromagnétique. Elle nous dépeint un monde différent de celui décrit par la physique newtonienne. Dans l'avenir, je pense que la physique quantique va résoudre beaucoup de questions aujourd'hui sans réponse. Cette science explique parfaitement par exemple l'effet placebo rencontré en milieu hospitalier dans à peu près 26 % des cas.

On remarque aussi que dans des cas d'autisme ou d'AVC, les malades, à leur sortie de coma, entrent dans un état d'extrême lucidité quant à de nombreux problèmes existentiels. Certains vont même jusqu'à avoir des super pouvoirs de calcul, de perception des situations, d'intuition. Mais pendant ce temps, le cerveau est en *stand-by* et n'a plus d'activités.

J'ai rencontré beaucoup de gens choqués par cet axiome de la physique quantique : c'est l'esprit qui crée la matière, et non pas la matière qui crée l'esprit. En effet, beaucoup voulaient me convaincre que ce que j'avais vécu dans le coma venait sans doute des médicaments et autres drogues puissantes qu'on avait dû m'injecter. Pour eux, c'était mon cerveau qui avait créé ces situations, ces visions, ces événements dont je pouvais raconter chaque détail. Mon cerveau avait créé ces situations, donc la matière avait créé des choses immatérielles, des pensées, des réflexions. À l'inverse, la pensée ne pouvait créer de phénomènes matériels.

Arrêtons-nous une seconde sur ce dernier point : la pensée ne peut créer de choses matérielles. Allons maintenant au chapitre 1 de la Bible, la Genèse aux versets 1 à 31. Dieu dit, et en six jours la lumière, les océans, les continents, les oiseaux, les poissons, les animaux, et enfin l'homme, ont été créés. Au verset 3 : « Que la lumière soit. Et la lumière fut ». Donc, à partir de la Parole, et uniquement à partir de la Parole, notre monde a été créé. Exactement la thèse de la physique quantique. Voilà une façon simple de comprendre cette branche compliquée des sciences et d'en avoir un exemple qui perdure depuis sa création.

Dans mon livre *Rescapé de la mort*, j'ai eu l'occasion de parler d'un livre de Hugh Ross, astrophysicien enseignant à l'université de Toronto, dont le titre est : *Dieu et le cosmos*. L'ouvrage, qui se fonde sur la physique quantique, arrive à la conclusion que c'est Dieu qui a fait le monde à partir de la Parole. Et la Parole, comme le rappelle la Bible dans de nombreux passages, est Jésus, le Verbe. Le livre de Ross, qui n'est pas facile à lire, conclut également que les chances que Dieu n'existe pas sont de $1/10^{78}$!

Je n'ai pas l'ambition d'étaler mes maigres connaissances scientifiques sur la physique quantique, matière particulièrement complexe. En revanche, de façon purement intuitive, j'ai découvert il y a plus de 40 ans que, grâce à la physique quantique, on pouvait percer de nombreux secrets du monde. En effet, comment mieux comprendre que c'est la conscience, ou la pensée, ou la parole, qui crée la matière et non pas l'inverse ? Aujourd'hui, 98 % d'entre nous pensent que c'est le cerveau qui crée la pensée. Mais comment les cellules du cerveau, identiques aux cellules des reins, pourraient-elles créer la pensée ?
Ne savions-nous pas, de manière extraordinairement inconsciente que c'est la pensée ou la Parole qui crée la matière ? Cela nous est en effet révélé dès les premiers versets de la Bible, dans le chapitre de la Genèse. C'est la Parole qui crée la lumière, les mers, la terre, les animaux, les poissons et enfin l'homme. On nous le répète depuis plus de 3 500 ans mais la majorité d'entre nous n'avait pas réalisé ce phénomène inimaginable *a priori.*

Certains diront : mais nous vivions très bien avant cette pseudo-révélation scientifique ! En sommes-nous bien sûrs ? Rappelons-nous le commandement de la Grande Commission de Christ : « Allez, faites de toutes les nations des disciples, baptisez-les au nom du Père, du Fils et du Saint-Esprit et enseignez-leur à mettre en pratique tout ce que je vous ai prescrit. » (Mt 28.19-20) Actes 1.8 est en général aussi considéré comme faisant partie de la Grande Commission : « Mais vous recevrez une puissance, lorsque le Saint-Esprit viendra sur vous, et... »

Mais j'en viens à mon but : quel est le moyen le plus utilisé par Jésus pour persuader les hommes de se convertir, de donner leur vie à Dieu ? Les guérisons !

Conscience, amour et guérison

Dans les expériences de mort imminente, on note que les personnes ressentent un amour si grand qu'elles ne trouvent pas les mots pour en rendre compte, qu'elles ne peuvent l'expliquer. Quand j'ai vécu la sortie de mon coma, j'ai ressenti l'extraordinaire puissance de cet amour. Je peux attester de la réalité, de la véracité de ce phénomène pour l'avoir vécu. Quand j'ai repris connaissance, au moment où j'ai ouvert les yeux, j'ai entendu une voix à ma droite, comme nimbée d'amour – je savais qu'il s'agissait du Christ - qui me disait : « Ne t'inquiète pas. Je suis là. Tu crois que je suis Amour et tu fais bien, mais je vais te faire connaître aussi ma douceur. » Instantanément, je savais que le Seigneur serait toujours avec moi. Mais pour l'heure, comment un homme, dans l'état de délabrement dans lequel j'étais, 1,93 m pour 48 kg, dans une extrême faiblesse, pouvait-il se réveiller dans un état d'euphorie absolu ? Certains me diront : c'est parce que tu étais très heureux de t'en être sorti. Sauf que je ne savais pas que j'étais à l'hôpital, que j'avais été si longtemps dans le coma, et que je ne me rendais absolument pas compte des multiples interventions que j'avais subies.

Je voudrais évoquer ici aussi le cas d'Eben Alexander, neurochirurgien américain qui a enseigné à Harvard pendant de nombreuses années, un médecin qui ne croyait pas en Dieu et encore moins aux NDE ou EMI, et qui a lui-même connu une incroyable expérience de mort imminente. En novembre 2008, il a eu mal au dos, mal à la tête, et il est tombé dans le coma. Méningite à méningocoques, grave infection des méninges. Coma profond de 7 jours, néocortex sévèrement endommagé. Le néocortex est une zone du cerveau impliquée dans les fonctions cognitives dites supérieures comme le langage ou la conscience. Il a raconté son invraisemblable aventure dans un livre : *Proof of Heaven* traduit en français sous le titre : *La preuve du paradis*, témoignage controversé par certains scientifiques, même si ce neurochirurgien s'avère être une référence mondiale dans le domaine des EMI. Selon Alexander, son expérience prouve que la conscience est indépendante du cerveau, que la mort est un passage, et que l'éternité, d'une splendeur parfaite, nous attend dans l'au-delà. Plusieurs sommités médicales ont examiné le dossier d'Alexander et ont publié dans une revue médicale célèbre que sa profondeur de coma variait de 6 à 7. Alors qu'en dessous de 9, cet état s'appelle « coma profond ». Ils ont attesté qu'à ce niveau de coma, le néocortex était tellement endommagé qu'il était impossible qu'il fonctionne encore. Les médecins ont estimé que, lorsqu'Eben Alexander est arrivé en salle de réanimation, la probabilité de s'en sortir était de 10 %. Mais après 7 jours de réanimation, ses chances d'en sortir vivant étaient tombées à 2 %, celles de récupérer ses facultés intellectuelles à zéro ! À tel point que ni lui ni les médecins qui l'ont soigné ne comprenaient qu'on puisse passer de la mort au retour à la vie sans aucune séquelle sur le plan intellectuel. Tiens, tiens. Cette histoire m'en rappelle une autre, avec les mêmes conclusions médicales.

Le livre d'Alexander et ses nombreux entretiens avec des médias américains et européens concluent clairement qu'au centre de la physique quantique, il y a l'amour, un amour indescriptible. Ah, quand la science et les Écritures se rejoignent et veulent bien se donner la main !

La raison pour laquelle les responsables de cette célèbre revue, *The Lancet*, ont accepté de publier ce récit d'Alexander est qu'ils avaient une explication : « C'était un miracle du point de vue de la science ». Ils commençaient à comprendre que cette force, cet amour qu'on rencontre dans un état de mort apparente est capable de faire disparaître un cancer ou n'importe quelle maladie, en dépit de l'avis définitif des médecins. Il existe de très nombreux cas comme celui d'Alexander, ou le mien. Ces médecins ont clairement relié ce cas à d'autres rencontrés dans des situations d'EMI. Cette relation entre conscience, guérison, et spiritualité est aujourd'hui évidente pour ces spécialistes de santé.

Les médecins les plus au fait des EMI sont ceux qui ont été responsables des soins palliatifs dans les hôpitaux, ces unités spécialisées pour les personnes en fin de vie. Tous confirment que beaucoup de gens touchant à la fin de leur vie rencontrent des personnes décédées qui viennent les accueillir, leur parler, les rassurer.

Aujourd'hui, selon des études en double aveugle réalisées dans les hôpitaux, 26 % des malades en soins palliatifs pour qui l'on prie, guériraient. C'est aussi la conclusion des grandes compagnies pharmaceutiques américaines à l'égard des malades qui croient en Dieu.

En 1996, une étude américaine démontrait que 3 500 cas de guérisons inexpliquées à cette époque concernaient des maladies en stade terminal. Et dans tous ces cas, la conclusion des physiciens quantiques est que c'est Dieu et son amour qui guérissent, et rien d'autre. La guérison est entièrement reliée à la dimension spirituelle du malade ou de son entourage.

Ne pas jouer avec les esprits mauvais

Beaucoup de neurologues se sont intéressés aux médiums. Je n'ai pas approfondi ce sujet parce que la Bible est très claire dans le Deutéronome, au chapitre 18, versets 10 et suivants : « Qu'on ne trouve chez toi personne qui fasse passer son fils ou sa fille par le feu, personne qui exerce le métier de devin, d'astrologue, d'augure, de sorcier, de magicien, personne qui consulte les esprits ou les spirites, personne qui interroge les morts. » Longtemps, j'ai pensé que l'on pouvait s'interroger sur tout, pour autant que ce soit dans un but culturel ou scientifique. Mais j'ai appris dans ma vie chrétienne que le bien existe, mais le mal aussi, que la sainteté existe, mais le péché aussi. Une autre parole (2 Co 11.14) dit que le diable lui-même se déguise en ange de lumière. Certains chrétiens n'ont pas encore compris que si Jésus existe, le diable aussi. Si les anges existent, les mauvais esprits aussi. Il est donc préférable de se conformer aux ordres que le Seigneur nous transmet par la Parole. C'est pour cette raison que je me suis interdit d'aborder le sujet des médiums, car je ne veux pas entraîner des lecteurs dans l'erreur.

Chapitre 8

Prière, travail et ministère

Depuis ma conversion, j'ai fait l'expérience de la puissance de la prière, et de son importance dans la vie quotidienne du chrétien, que je souhaite partager au plus grand nombre...

Dans Esaïe 56.7, il est écrit : « Ma maison sera appelée une maison de prière ». L'auteur ne parle pas d'une construction mais bien de l'Assemblée des chrétiens et même du noyau familial. Peut-être devrait-on enseigner davantage dans les milieux chrétiens que l'essentiel de la vie du chrétien, où qu'il soit, doit être la prière. Ah ! Si chaque chrétien comprenait que tous les combats devraient d'abord commencer à genoux dans la prière ! La prière doit être permanente :

- Avant le repas,
- Avant une prise de décision qui engage la vie de la famille,
- Face à des problèmes de couple,
- Face à une question de santé,
- Avant de prendre une décision financière ou professionnelle.

La lecture des Écritures, nourriture du chrétien

Dans l'ordre des priorités du chrétien, la lecture des Écritures vient juste au même niveau que la prière. La Bible regorge de réponses à nos questions. Au début du Nouveau Testament, dans l'Évangile de Mathieu, Jésus montre l'exemple en se faisant baptiser par Jean-Baptiste, dans les eaux du Jourdain. Après quoi, il va jeûner[7] 40 jours pendant lesquels il va affronter le diable. Celui-ci lui propose de transformer les pierres en pain. Mais Jésus lui répond : « L'homme ne se nourrit pas de pain seulement mais de toute parole qui sort de la bouche de Dieu. » Nous avons besoin de lire souvent la Parole de Dieu. Comme nous mangeons notre petit-déjeuner, notre déjeuner et notre dîner chaque jour.

J'aime passer du temps à lire les Écritures, c'est souvent dans ces moments que le Seigneur répond à mes prières, à mes interrogations et à mes moments de découragement. Un ami pasteur expliquait que la Bible était pour lui comme une pelouse : chaque fois qu'il coupait l'herbe, c'était comme s'il lisait un nouveau livre et découvrait de nouvelles histoires. Cela m'arrive également : je lis parfois des passages pour la centième fois alors que je serais prêt à jurer que je ne les avais jamais lus !

Depuis des années, je lis régulièrement la Bible. Au début, je lisais par soif de connaître. Des passages me semblaient passionnants, d'autres franchement ennuyeux. Dans un deuxième temps, j'ai été intrigué par des détails. Par exemple, dans le premier livre des Chroniques, au chapitre 4 et aux versets 4 à 10, nichée au sein de longues énumérations ennuyeuses à souhait, se trouve cette anecdote au sujet de Yaebets et de sa prière. Celle-ci est extrêmement courte et immédiatement exaucée : « Yaebets invoqua le Dieu d'Israël en disant : "Si tu me bénis réellement et si tu agrandis mon territoire, si tu es avec moi, si tu éloignes de moi le malheur pour m'épargner la souffrance..." Et Dieu lui accorda ce qu'il avait demandé. » C'est un véritable joyau caché au milieu d'un texte lourd et inintéressant. La Bible fourmille de cas

---

[7] Le jeûne se pratiquait déjà dans l'Antiquité, que ce soit pour des raisons religieuses ou sanitaires. Les médecins actuels ont encore aujourd'hui constaté que jeûner de temps en temps était bénéfique pour l'homme.

semblables, c'est ainsi que j'ai découvert l'intérêt de la lecture assidue. Par un message direct, très concis et percutant, le Seigneur nous apprend à anticiper les situations difficiles et ainsi éviter de devoir s'en repentir. Comme dans l'Évangile de Matthieu au passage du Notre Père. (Mt 6, 9-13) : « Vous donc, priez ainsi : Notre Père, qui es aux cieux, que ton nom soit sanctifié, que ton règne vienne, que ta volonté soit faite sur la terre comme au ciel. Donne-nous aujourd'hui notre pain de ce jour. Remets-nous nos dettes, comme nous-mêmes nous remettons leurs dettes à nos débiteurs. »

Récemment, en relisant le Psaume 102, j'ai été interpellé, notamment par les versets 17 à 23 :

« Car le Seigneur rebâtit Sion, il apparaît dans sa gloire. Il se tourne vers la prière du misérable, il ne méprise pas sa prière. Que cela soit écrit pour la génération future, et le peuple qui sera créé louera le Seigneur (Yah) ! Car il se penche de son haut sanctuaire ; du ciel le Seigneur regarde sur la terre pour entendre les soupirs du prisonnier, pour délivrer ceux qui sont en danger de mort, afin qu'ils parlent, dans Sion, du nom du Seigneur et qu'ils disent sa louange dans Jérusalem, quand peuples et royaumes se réuniront pour servir le Seigneur. »

J'ai pris conscience comme jamais auparavant à quel point le péché avait, dès le départ, défiguré la Création et changé le cours de l'Histoire de l'homme. Nous avons eu besoin de la venue du fils de Dieu pour racheter cette humanité en péril. De tout temps, l'homme a attribué à Dieu les torts relatifs à tous les malheurs qui ont frappé le monde : famines, guerres, massacres, maladies, catastrophes climatiques ou industrielles. La plupart des hommes pensent que Si Dieu existait, Il n'accepterait pas que des enfants meurent, surtout après une longue maladie ou victimes de l'inhumanité des adultes. Il est très rare que ceux-là se posent d'abord la question de savoir si ce n'est pas l'homme qui a provoqué ces malheurs. Depuis le temps des Israélites et de Moïse aux chrétiens de nos églises du XXe siècle, il est toujours plus facile de se défausser sur le Seigneur plutôt que de faire face à ses responsabilités. Dans la Genèse, chapitre 3 au verset 11, on peut lire : « Et l'Éternel Dieu lui dit : Qui t'a appris que tu es nu ? Est-ce que tu as mangé de l'arbre dont je t'avais défendu de manger » ? L'homme (Adam) répondit : « La femme que tu m'as donnée, c'est elle qui m'a donné ce fruit et j'en ai mangé ». C'est fascinant : dès le début de l'Histoire de l'humanité, le premier homme va attribuer à Dieu la responsabilité du péché originel. Il va accuser sa femme de faiblesse. Aujourd'hui, rien n'a changé !

L'épreuve au cœur de notre vie

La vie du chrétien doit être faite de combats et de victoires. Sur le champ de bataille de la guerre que nous livrons aux principautés et aux autorités dans les lieux célestes (Eph 6.10-20), il n'y a pas de place pour le mot « défaite ». Le jour de notre conversion, nous avons été couverts de bénédictions. Ces bénédictions sont autant d'armes pour lutter contre notre ennemi originel. Le monde fera la différence entre un chrétien et un autre homme lorsqu'il constatera chez le chrétien des attitudes de guerrier victorieux dans les combats de la vie comme le cancer, la perte d'un emploi, le décès d'un enfant, le divorce, par opposition aux attitudes résignées chez l'autre. Le monde observera les meilleures réactions du chrétien en les comparant à celles des hommes qui n'ont pas rencontré Dieu. Mais l'issue finale du combat sur terre dépend de Dieu. Nous ne sommes que des soldats aux ordres du Roi des Rois. C'est pour toutes ces raisons qu'il faut comprendre la nécessité de la prière, la façon de prier, et ce que nous devons en attendre comme résultat.

Jésus a déclaré : « Tout ce que vous demandez au Père dans la prière en mon nom, croyez que vous l'avez obtenu et vous le verrez s'accomplir. » Mais il a aussi dit : « Vous ne recevez pas parce que vous ne demandez pas, ou parce que vous demandez mal ». Combien de chrétiens sont-ils conscients de la force de la prière ? Notre Dieu est tout-puissant, omniscient, omniprésent. Si une seule de ses armes était à la disposition de quelque soldat engagé dans un conflit en 2021, Il serait vainqueur.

Combien de fois ai-je entendu des chrétiens fervents chantant qu'ils sont héritiers du Roi des Rois, mais sans demander leur part d'héritage ? Un des premiers à réclamer son dû est Caleb dans l'histoire des douze espions du pays de Canaan. Arrivé au Jourdain, Caleb va trouver Josué et lui déclare qu'il a atteint l'âge de 85 ans, mais qu'il se souvient de la promesse qu'il a reçue de Dieu 40 ans auparavant, peu après avoir entamé son long voyage avec Moïse et Josué. Il traverse le Jourdain et va prendre possession du pays que le Seigneur lui a promis. Il ne doute pas qu'il gagnera. Rien ne l'arrêtera car Dieu est avec lui.

Du monde des affaires à l'appel missionnaire

Si on ne veut pas perdre tout le bénéfice de la prière observée dans la vie privée, il faut une continuité entre vie personnelle et vie professionnelle. Le Seigneur nous conseille de ne pas nous associer avec des non chrétiens (cf. 2 Co 6.14). Dans une association, chaque associé doit considérer l'autre comme un frère avec qui il partage tout, y compris la vision du monde des affaires et l'honnêteté parfaite requise vis-à-vis des clients, de ses associés, du fisc, et de tout autre domaine.

Je peux témoigner de la puissance de la prière à plusieurs dans une entreprise. Quelle force quand on peut prier ensemble, quand on a décidé de remettre une grosse partie des profits de l'entreprise dans l'œuvre de

Dieu, et quand Dieu lui-même se charge de résoudre les problèmes que l'ennemi ne manque pas de mettre sur notre route professionnelle…

Un de mes deux associés, José, se bat depuis 20 ans pour développer des produits que personne ne connaissait alors, mais qui font totalement partie aujourd'hui des plans de développement des pays, des grandes villes et des petites structures sur le plan international. Il a dû faire face à une adversité redoutable pour développer ses idées de génie.

Pour ma part, j'ai reçu en 2012 une parole de Dieu m'intimant de cesser toutes mes activités professionnelles et de me consacrer à un ministère d'évangélisation. Un jour, pendant le culte, un homme que je ne connaissais pas personnellement, s'est levé pour partager une prophétie que Dieu lui avait confiée. Il a prononcé ces mots : « Je t'ai arraché à une mort physique et à une mort spirituelle certaines. Maintenant, tu vas arrêter ce que tu fais, pour aller sur les plateaux de télévision, aller voir les médecins et témoigner de ce que J'ai fait pour toi. » Bien que méfiant avec ce genre de révélations, j'ai été saisi lorsque j'ai entendu cette parole. Selon moi, elle m'était directement adressée et ne pouvait venir que du Seigneur car, depuis ma sortie du coma, chaque fois que je prie dans ma chambre, là où personne ne m'entend, je commence toujours mes prières de la même manière : « Seigneur, je te rends grâce, car tu m'as arraché à une mort physique et à une mort spirituelle certaines. » Cet homme ne le savait évidemment pas et avait utilisé exactement les mêmes mots que moi dans ma prière. Cette prophétie a été confirmée par d'autres paroles divines reçues. Le Seigneur a ajouté qu'Il pourvoirait à mes besoins. J'ai donc reçu un extraordinaire cadeau du Seigneur et je veux, depuis lors, le rendre à ceux qui en ont besoin, à travers l'exercice de mon ministère. Mais cela ne s'est pas fait sans obstacles.

En comparant nos situations respectives, José et moi, je suis arrivé au constat que l'ennemi de nos âmes n'apprécie pas du tout que l'un et l'autre nous puissions aider les chrétiens sur le plan matériel. Le nombre d'obstacles dressés sur nos routes est impressionnant. Mais la présence permanente du Seigneur à nos côtés et la lecture approfondie des Écritures nous permet de continuer à croître et à développer nos activités. Toutes ces épreuves n'ont pour but unique que de renforcer notre foi afin d'être prêts pour d'autres combats.

Il n'est pas facile d'avoir une foi à toute épreuve. J'ai toujours été surpris de ce qui se passe dans l'Évangile de Marc, au chapitre 9 et aux versets 24 et 25 : un homme dont l'enfant est l'objet des attaques répétées du diable, probablement sous une forme ou une autre d'épilepsie, va trouver Jésus. Il lui explique que le diable essaye de tuer son enfant. Le père demande donc à Jésus s'il peut faire quelque chose pour son fils. La réponse de Jésus fuse : « Si je peux faire quelque chose ?... Mais tout est possible à celui qui croit. » Aussitôt le père répond : « Je crois Seigneur. Mais viens au secours de mon incrédulité. » Quel passage extraordinaire ! Nous, chrétiens du XXIe siècle, avons cru en Jésus sans le voir, mais cet homme le suit depuis trois ans. Ce passage de la Bible, tout à coup, nous révèle que même les gens qui côtoyaient Jésus souffraient d'incrédulité. Ce passage m'a toujours encouragé à continuer à essayer de développer ma foi, à l'affiner, à l'émonder.

En 2020, soit huit ans après que j'avais reçu la mission de me consacrer pleinement à témoigner, José a eu un songe lui montrant que je devais arrêter de travailler et consacrer tout mon temps à mon ministère d'ouvrier pour la moisson. Le même jour, ou plutôt la même nuit, à la même heure, je recevais dans la méditation très exactement le même message. Ma vie professionnelle et le monde des affaires étaient définitivement derrière moi !

Chapitre 9

Le Saint-Esprit : une personne à part entière

Depuis que je suis devenu chrétien évangélique, je me sens un "*born again* », quelqu'un qui est né de nouveau, selon l'expression employée par Jésus lui-même dans l'Évangile. Il ne s'agit pas d'être régulier au culte ou d'appliquer telle liturgie pour devenir un véritable chrétien mais de « naître de nouveau », c'est-à-dire de vivre une nouvelle relation avec le Christ, qui nous amène à changer de vie et à devenir missionnaire.

À l'occasion d'une conversion, le nouveau converti reçoit le Saint-Esprit. Plus tard, quand Dieu le jugera bon, il recevra potentiellement le baptême du Saint-Esprit, qui est un véritable équipement pour affronter et vaincre les obstacles que le chrétien ne manquera pas de rencontrer dans le cadre du ministère que le Seigneur lui aura attribué - et non celui qu'il aura lui-même décidé d'exercer.

Chez les pentecôtistes, le Saint-Esprit joue un rôle primordial. Comme le déclare le pasteur et théologien Sinclair Fergusson : « La grande ambition de toute notre réflexion sur l'Esprit est clairement celle d'une communion personnelle et intime avec Celui par qui nous sommes conduits vers l'adoration, la glorification et l'obéissance à l'égard du Père et du Fils ». Le Saint-Esprit est la personne la moins bien connue de la Trinité. « Son titre suscite une gamme d'émotions différentes de celles qui s'expriment en réponse aux titres de Père et de Fils ». Il nous faut redécouvrir le Saint-Esprit en tant que personne à part entière. C'est toute la vie du croyant qui est en jeu. Celle-ci ne pourra se développer, s'affermir et porter des fruits qu'à condition que nous reconnaissions le Saint-Esprit comme une personne faisant partie du Dieu trinitaire. Alors notre vie de croyant pourra croître et s'épanouir. Nous pourrons nous affermir et développer notre relation avec le Père. Alors, nous découvrirons la personnalité et l'œuvre du Fils et contribuerons à l'édification du corps de Christ avec efficacité.

Que de vies seraient transformées si nous prenions conscience que c'est Jésus lui-même qui nous a envoyé le grand Consolateur, le Paraclet, afin que nous puissions un jour participer pleinement au Royaume de Dieu !

L'Église primitive ou la première effusion de l'Esprit

La lecture des Évangiles nous décrit la fin de la vie de Jésus-Christ sur la terre, et particulièrement ses trois dernières années durant lesquelles Il a marqué l'Histoire du monde de son empreinte de façon indélébile. Après sa mort sur la croix, et sur ses ordres, quelque cent vingt personnes sont réunies dans la chambre haute. C'est le livre des Actes qui nous rapporte cet épisode marquant rédigé par le médecin bien-aimé, l'apôtre Luc, par ailleurs un des plus grands théologiens de l'Histoire. « Mais vous recevrez une puissance, le Saint-Esprit survenant sur vous, et vous serez mes témoins à Jérusalem, dans toute la Judée, dans la Samarie, et jusqu'aux extrémités de la terre ». (Ac 1, 8). Dans ce passage, les disciples reçoivent l'ordre d'attendre d'être revêtus de la puissance du Saint-Esprit, et ensuite seulement, d'aller évangéliser le monde entier !

Ce sera l'effusion de l'Esprit, la première connue. Les amis réunis dans cette pièce vont être baptisés du Saint-Esprit, parler en langues, et ces langues seront reconnues par les multiples étrangers qui, à cette époque, fréquentaient Jérusalem. « Des langues, semblables à des langues de feu, leur apparurent, séparées les unes des autres, et se posèrent sur chacun d'eux. Et ils furent tous remplis du Saint-Esprit, et se mirent à parler en d'autres langues, selon que l'Esprit leur donnait de s'exprimer ». (Ac 2, 3-4)

Ce phénomène sera tellement impressionnant que certains accuseront les disciples d'être ivres à neuf heures du matin ! Mais beaucoup de juifs de toutes les nations ont été surpris, étonnés. En effet, ces disciples qui parlaient en d'autres langues étaient tous des Galiléens. Et ils parlaient dans la langue des visiteurs : Crétois, Arabes, Parthes, Mèdes, Élamites, Romains. Or chacun des disciples qui venait de recevoir le Saint-Esprit parlait à ces visiteurs dans leur propre langue. On était en présence de phénomènes indiscutablement surnaturels et jusque-là inouïs, comme la glossolalie (qui est le parler dans une langue inconnue des hommes), et surtout ici la xénolalie (le parler dans une langue existante mais inconnue de celui qui parle, et qu'il n'a jamais apprise)... La suite du livre des Actes nous décrit les différents voyages missionnaires de Paul et d'autres disciples et l'implantation des premières Églises chrétiennes.

C'est de ces Églises primitives que va naître la première grande Église, l'Église catholique. Celle-ci va devenir une très puissante institution et, comme toute entreprise humaine, s'avérer imparfaite, soumise aux tentations du monde.

Réflexions sur les dérives possibles dans certaines églises évangéliques

À notre époque, il faut bien constater que, dans certains mouvements, le « parler en langues » et le don de prophétie prennent une place démesurée. Dans ces églises, je pense que les leaders, pasteurs et anciens, manquent d'une certaine rigueur. Je pense aussi qu'un sentiment de solitude envahit ces communautés chrétiennes qui craignent de rester sur le bord de la route si elles ne participent pas de façon démonstrative à l'euphorie générale. Plusieurs exhortations de Paul aux Romains et à Tite nous apprennent que si nous n'avons pas reçu l'Esprit de Christ, nous ne sommes pas sauvés (Rm 8-9, Tt 3.5-6) ! D'où la dérive possible des néo-pentecôtistes de confondre le parler en langues et le fait d'être habités par le Saint-Esprit. Il est non seulement important mais même capital de ne pas confondre le don de l'Esprit avec le baptême du Saint-Esprit. Le plus grand danger qui guette ces églises est que les émotions vécues l'emportent sur l'étude de la Parole de Dieu. Les dons passeront, mais pas la Parole. Il suffirait de revenir à un enseignement plus régulier, plus simple parfois, comme dans l'Église Nouvelle Vie du pasteur Claude Houde à Longueuil, dans la banlieue de Montréal, ou celle de mon neveu à Bruxelles. Là, la priorité est donnée à l'enseignement de la Parole de Dieu et il y règne un ordre rigoureux, tout en prenant garde à ne pas éteindre l'Esprit. Ne croyons pas que nous sommes un chrétien de seconde zone si nous ne parlons pas en langues. Moi-même, je parle très rarement en langues, et c'est toujours quand je suis seul, dans l'intimité avec le Seigneur.

L'Esprit Saint au sein de la Trinité

Un des plus grands obstacles rencontrés par les hommes, même lorsqu'ils sont chrétiens, est de croire en la Trinité de Dieu. Jean (Jn 10.30) nous révèle que Jésus est totalement un avec son Père. La Genèse dit : « Créons l'homme à notre image, selon notre ressemblance. » (Gn 1.26) Le pluriel employé suggère qu'il y a plus d'une personne en Dieu. L'Évangile de Matthieu au chapitre 3 (Mt 3,16-17) montre que Dieu se manifeste en trois personnes. Chaque personne de la Trinité est Dieu, et liée aux deux autres. Si nous prenons une plante, nous constatons qu'elle est composée de la racine, de la tige et de la fleur. Chaque partie ne peut vivre indépendamment des deux autres. C'est une image pour tenter d'expliquer la Trinité Divine. Dieu se révèle en trois personnes identiques dans leur genre, mais bien distinctes. Le Père a la même intelligence que le Fils, et le Fils a la même intelligence que le Saint-Esprit. Il en va de même pour les sentiments et la volonté. Si nous devions définir le rôle de chacune de ces trois personnes divines, nous pourrions écrire que Dieu le Père crée et se révèle surtout dans l'Ancien Testament, que le Fils sauve et se révèle plus exactement dans le Nouveau Testament et que le Saint-Esprit renouvelle et se révèle de façon plus spéciale dans l'Église. Un scientifique de renom, Hugh Ross, docteur en astronomie de l'université de Toronto, au Canada, spécialiste de la physique des quanta, a émis une opinion particulièrement intéressante sur le caractère trinitaire de Dieu : « La Trinité est mathématiquement absurde, si l'on s'en tient au contexte des 4 dimensions espace-temps. Or, il, existe des preuves de la relativité générale, du big bang et de la physique des particules, preuves montrant l'existence de plusieurs dimensions d'espace et de temps, au-delà des quatre que nous connaissons, nous les humains… Compte tenu de toutes ces capacités "extra-dimensionnelles", il est relativement simple de démontrer (mais pas de visualiser) que la Trinité devient possible mathématiquement ».

Enfin, en reprenant notre exemple de la plante, il faudrait admettre que le Père et le Fils ne pourraient exister sans la Personne du Saint-Esprit. Si l'on croit au Père et plus particulièrement au Fils qui nous a parlé du Saint-Esprit comme d'une personne, on est amené à reconnaître sa personnalité propre et distincte.

L'Esprit est une personne

Il est facile de s'imaginer Dieu le Père et Dieu le Fils comme des personnes, parce que les mots « Père » et « Fils » suggèrent des réalités physiques et pratiques quotidiennes. Le Saint-Esprit, en revanche, évoque chez l'homme une réalité immatérielle, une puissance invisible. Toutefois, bien que nous ne puissions voir le Saint-Esprit, nous pouvons ressentir Sa présence et Sa direction dans notre vie, dès lors que nous nous soumettons à son contrôle. Il nous incombe donc de Le découvrir, en tant qu'ami personnel, ayant la capacité de raisonner, de sentir, et de prendre des décisions. « Le Saint-Esprit est-il une puissance que, dans notre faiblesse et notre ignorance, nous pouvons parvenir à saisir et utiliser ? Ou bien est-Il un être personnel, infiniment sage, infiniment saint, infiniment tendre, qui doit s'emparer de nous et nous employer ? La première conception est païenne, l'autre chrétienne. Celle-ci conduit à l'humiliation, à l'effacement du moi, au renoncement. L'autre mène à l'exaltation de soi-même » (Torrey). Chacun doit arriver à la conclusion que le Saint-Esprit est une personne, dotée d'une puissance infinie.

Dans la Bible, qui est la Parole de Dieu révélée aux hommes, le Saint-Esprit est désigné par divers pronoms qui indiquent très clairement sa personnalité. Le Révérend Ronald Rust faisait remarquer que ces pronoms, en grec, ne sont pas de genre neutre mais masculin. Par ailleurs, l'Écriture nous enseigne que le Saint-Esprit sonde tout (1 Co 2.10-11), possède la connaissance (1 Co 12.11), la volonté (Rm 8.27), l'Amour (Rm 15.30), peut être attristé (Ep 4.30), crie (Ga 4.6), soupire et intercède (Rm 8.26), rend témoignage (Jn 15.26), enseigne toute la vérité (Jn 14.26), commande aux hommes (Ac 16, 6-7), appelle les hommes au ministère (Ac 13.2), console (Jn 14.16-17). Toutes ces caractéristiques sont le fait d'une personne. « Le témoignage le plus impressionnant en faveur de l'Esprit comme hypostase distincte, bien que pleinement divine, se trouve peut-être dans de fréquentes apparitions aux côtés du Père et du Fils dans les écrits apostoliques », dit le pasteur Fergusson.

Si nous voulons être convaincus de la personnalité et de la puissance du Saint-Esprit, pensons à Marie qui fut couverte de l'ombre de l'Esprit et fut enceinte de Jésus sans avoir connu d'homme. Quant à Jésus, il commanda à ses disciples de ne pas quitter Jérusalem mais d'y attendre l'accomplissement de la promesse du Père. Le fait est que Jésus est mort pour nous permettre de recevoir par la foi l'Esprit qui avait été promis (Ga 3.13-14).

Nous pouvons résumer l'action de Dieu de la façon suivante : Le Père se révèle par le Fils et Il agit en nous par le Saint-Esprit. La Bible nous indique quelques fonctions qui Lui sont attribuées : Il convainc de ne pas pécher (Jn 16.8), Il a inspiré les écrivains de la Bible (2 Tm 3.16-17), Il amène à la nouvelle naissance (Jn 3.5), Il habite le croyant (1 Co 3.16), Il forme en nous un nouveau caractère (Ga 5.22), Il communique les dons (1 Co 12.8-11), et enfin Jésus baptise du Saint-Esprit (Mt 3.11).

La lecture des livres de Kathryn Kuhlman, cette évangélique Américaine amenée à un ministère de guérison, est particulièrement révélatrice de la personne du Saint-Esprit « Je dépends absolument et entièrement de la puissante troisième personne de la Trinité ». Ou encore : « Jésus s'est offert en connaissant le prix à payer. Mais, avant de consentir à venir sur la terre sous une forme humaine, Il a demandé au Saint-Esprit d'être Celui qui le fortifierait et le revêtirait de puissance. Il savait qu'Il ne pouvait pas payer le prix - dans les limites de son humanité – sans la puissance et la personne du Saint-Esprit en Lui ».

Chapitre 10

Les œuvres du Saint-Esprit dans notre vie chrétienne

Pour comprendre comment le Saint-Esprit peut nous saisir, l'essentiel est de considérer l'entrée dans sa plénitude en deux étapes : régénération par l'Esprit, c'est-à-dire conversion et initiation, puis baptême dans l'Esprit. Il faut distinguer clairement ces deux étapes en se fondant une fois encore sur le modèle des Écritures. En effet, en Samarie et à Éphèse, nous sommes en présence de croyants qui ont déjà été régénérés. Ceux-ci sont convertis mais ils n'ont pas reçu le baptême du Saint-Esprit. La réception pleine et entière du Saint-Esprit implique non seulement un don de Dieu mais aussi de recevoir cette grâce divine. Nous devons activer notre foi en Christ et croire fermement dans les promesses de venue du Saint-Esprit, du baptême de l'Esprit, des dons de l'Esprit, et du fruit de l'Esprit.

Nouvelle naissance et régénération

Lors de la nouvelle naissance, nous changeons de vie. L'Esprit illumine notre intelligence en rendant le royaume de Dieu clairement visible. Nous voici soudain libérés de la volonté de l'esclavage d'une nature dominée par le péché. La régénération est une purification. Il y a donc une véritable transformation qui s'opère en nous. Mais à ce moment-là, nous n'avons pas encore accès à l'action divine, nous en ressentons seulement les effets immédiats : repentance, abandon des péchés habituels (mensonge, égoïsme, refus de pardonner…), grande joie, paix intérieure, foi, envie de connaître la Parole, besoin de prier. En fait, nous étions spirituellement morts et nous venons de renaître par l'action de l'Esprit. La nouvelle naissance implique de notre part une soif de la Parole de Dieu. Nous avons besoin de la prédication de la Parole de Dieu, de fréquenter des frères qui nous parleront de leurs expériences et de leur nouvelle vie. C'est ainsi que commence notre chemin de sanctification, après avoir vécu une véritable résurrection. Il est toutefois important de rappeler que, selon la Bible, la foi est un don, un fruit du ministère de l'Esprit. (Ep 2.8)

Le Saint-Esprit, dès le jour de notre nouvelle naissance, va nous unir au Christ à travers une église. Le but de son action est de nous faire ressembler à Christ. Nous avions été créés à l'image de Dieu. Le péché est venu tout détruire. C'est donc une œuvre de restauration qui commence. À partir de là, il s'agit de vivre en Christ, d'être vivant parmi les morts !

Baptême du Saint-Esprit

C'est le baptême dans le Saint-Esprit qui va donc nous équiper pour progresser dans la vie chrétienne. Dans les Actes des apôtres, nous lisons : « Il leur dit : "Avez-vous reçu le Saint-Esprit quand vous avez cru ?" Ils lui répondirent : "Nous n'avons pas même entendu dire qu'il y a un Saint-Esprit". » (Ac 19.2) Pour Reuben Archer Torrey, cet auteur évangélique prolifique : « Un homme peut être régénéré par le Saint-Esprit, sans en avoir encore été baptisé. Dans la régénération, la vie est infusée et celui qui la reçoit est sauvé. Dans le baptême, il y a communication de puissance et celui qui la reçoit est équipé pour le service ». Nous devrions tous avoir reçu le baptême après la conversion et le baptême d'eau. Mais nous avons tellement perdu de vue la doctrine du baptême dans le Saint-Esprit que ce n'est que rarement le cas.

Pour ma part, lorsque j'ai reçu le baptême d'Esprit Saint, je ne me suis pas mis immédiatement à parler en langues, mais j'ai ressenti comme une rivière m'immergeant le dos et ressortant par la poitrine, sans que cela me fasse mal. « Celui qui met sa foi en moi, dit l'Écriture, des fleuves d'eau vive couleront de son sein. » (Jn 7.37 et 38)

La Parole nous dit que Jésus a promis un double baptême, « du Saint-Esprit et de feu ». N'est-ce pas là la réelle indication du baptême dans le Saint-Esprit ? Le feu ranime, purifie, illumine, se répand. À nous d'avoir alors un cœur largement ouvert pour laisser le Saint-Esprit nous façonner à l'image de Christ. Car le baptême dans le Saint-Esprit a pour but principal le service pour Dieu. Le Saint-Esprit nous communique une puissance, des dons surnaturels en vue de ce service, et la hardiesse dans le témoignage. Le chrétien qui a reçu un tel baptême vivra une transformation radicale et mènera alors une vie plus morale, plus proche de Dieu.

La Bible fait la différence entre l'homme qui recherche Dieu mais qui ne l'a pas trouvé, et l'homme mûr qui a réussi à créer un climat d'intimité avec le Seigneur. Souvent, le premier a été baptisé alors qu'il était enfant. Il s'agit là du baptême d'eau qui est souvent donné au bébé ou à l'enfant en bas âge. Mais l'Évangile de Jean nous raconte l'histoire de Nicodème et de la nouvelle naissance : on ne parle plus alors du baptême d'eau mais du baptême de l'Esprit. « En vérité, en vérité, je te le dis, si un homme ne naît de nouveau, il ne peut voir le royaume de Dieu ». « Comment un homme peut-il naître quand il est vieux » ? Jésus répondit : « En vérité, en vérité, je te le dis, si un homme ne naît d'eau et d'esprit, il ne peut entrer dans le royaume de Dieu. Ce qui est né de la chair est chair, et ce qui est né de l'esprit est esprit. Ne t'étonne pas de ce que je t'ai dit : il faut que vous naissiez de nouveau ». (Jn 3 1-21)

Les œuvres du Saint-Esprit dans notre vie

Jim Cymbala est pasteur de l'église de Brooklyn Tabernacle à New York. Fondée en 1847, cette église comprenait 30 membres en 1971 quand Jim l'a reprise. Aujourd'hui, elle en comporte plus de 10 000. Voici ce que ce grand prédicateur déclare : « Il vous faut croire qu'Il (l'Esprit Saint) vous parlera effectivement quand vous vous attendrez à Lui dans la prière et la foi, avec un cœur qui s'abandonne à Sa volonté. » Ou encore : « Amenez vos problèmes à Dieu, comme un petit enfant le ferait, dans une totale confiance qu'Il est seul capable de réparer tout ce qui est brisé. Ouvrez votre Bible et permettez au Saint-Esprit de planter en vous les graines d'une foi renouvelée, qui germera et s'épanouira tandis que vous vous attendez au Seigneur. Ne cessez pas de demander, de chercher et de frapper, quelle que soit la pression qui vous pousse à vouloir à tout prix faire quelque chose. »

Le chrétien, après les premières étapes de conversion, régénération et baptême dans le Saint-Esprit, arrive maintenant à la phase essentielle de sa vie chrétienne : la croissance. En effet, c'est aux fruits que l'on reconnaît l'arbre. Le Saint-Esprit est à l'origine de l'évangélisation du monde entier par les apôtres. Il leur révéla la vérité qui était cachée aux hommes depuis la nuit des temps et que leur intelligence seule ne leur permettait pas de saisir. Les prophètes ne parlèrent que sous l'inspiration du Saint-Esprit. C'est ce même Esprit qui fut à l'origine de la Création, de la naissance de Jésus, de la vie sans péché de Jésus, de Son onction pour le service, et qui enseigna Christ Lui-même. C'est Lui qui « convainc le monde de péché et de jugement », et ce chez tous les hommes.

Chez le croyant, le Saint-Esprit est l'auteur des œuvres suivantes :
- Il est à l'origine de la nouvelle naissance et de la restauration du croyant. Respecter la Loi de l'Ancien Testament ne suffit pas pour être sauvé.

- Il affranchit du péché et de la mort. Paul dit : « Je fais le mal que je ne veux pas et je ne fais pas le bien que je veux ». Ce n'est qu'avec l'aide du Saint-Esprit que nous sommes libérés de la servitude du péché et de la mort, qui est sa conséquence. Nous marchons désormais selon l'Esprit et non plus selon la chair.
- Il nous donne sa puissance et nous fortifie (Ep 3.16-19). Nous recevons cette puissance qui fait que Christ demeure en nous, que nous sommes fondés et enracinés dans l'amour.
- Il nous sanctifie et nous fait ressembler à Christ. Il fait de nous des fils de Dieu.
- Il nous offre ses dons pour notre édification et celle du corps de Christ.
- Il produit en nous un fruit de son amour qui nous permet de témoigner et d'évangéliser.
- Il nous fait découvrir toute la vérité. C'est Lui qui nous illumine, ouvre nos yeux et notre cœur quand nous lisons la Parole.
- Il détruit notre sagesse pour la remplacer par celle de Dieu. Il nous amène à discerner, à connaître l'avenir et dévoile des choses cachées aux incroyants.
- Il nous permet d'enseigner les choses de Dieu et d'être des ouvriers en vue de la moisson.
- Dans la prière, Il vient à notre secours, nous aide, nous guide et nous offre la puissance. Il nous permet d'entrer en communication avec Lui et avec Dieu par la prière en langues dans l'intimité.
- C'est Lui qui nous conduit dans la louange, l'adoration et l'action de grâces.
- C'est Lui qui inspire le croyant.
- C'est Lui qui règle tous les détails de notre vie privée, de notre ministère[8].

---

[8] La description des œuvres du Saint-Esprit est largement inspirée de l'ouvrage de R.A. Torrey : *Ce que la Bible enseigne*, Vida, 2015

Encore faut-il être à l'écoute du Saint-Esprit dans nos vies. À l'heure où j'écris ces lignes, il y a moins de trois semaines, j'ai été hospitalisé pour une coronarographie, un examen radiologique invasif permettant l'analyse des artères du cœur. Le médecin m'a prescrit un nouveau médicament en plus de tous ceux que je prenais déjà et m'a délivré un premier cachet. Mais rentré chez moi, j'ai eu une drôle d'impression en m'asseyant sur mon lit, alors que je devais prendre ce médicament immédiatement. Une voix intérieure me disait : « Ne touche pas à ça. » Je pensais que je me faisais des idées, et j'ai commencé à lire la notice en détail, ce que je ne fais habituellement jamais. Je suis tombé sur les incompatibilités absolues avec d'autres médicaments, dont un que je prenais déjà ! J'ai immédiatement prévenu mon médecin, qui s'était fié à une ordonnance incomplète et erronée. Il a eu très peur et m'a évidemment demandé de ne pas prendre ce dernier remède. Pour moi, il était flagrant que j'ai été protégé par l'opération du Saint-Esprit, car si, selon toute vraisemblance, j'avais avalé ce médicament, je ne sais pas dans quel état je serais aujourd'hui…

Quand nous commençons à voir le fruit de l'Esprit dans notre vie, c'est-à-dire l'amour et tout ce qui en découle, nous arrivons à maturité. Il ne nous reste plus qu'à développer les fruits pour que la récolte soit abondante. Selon Donald Henry Frere Gee, pasteur anglais et enseignant biblique pentecôtiste : « La meilleure façon de grandir, ce n'est pas par à-coups, mais régulièrement. "Le chrétien converti et régénéré qui ne progresserait plus est comme l'homme qui, ayant faim, entrerait dans un restaurant sans s'y installer. Le chrétien qui reste sur la porte de l'Évangile, mais ne se sanctifie pas" prendra son repas debout dans le hall ». Sigfried Beck, bien connu pour ses écrits sur le baptême du Saint-Esprit et de ses conséquences dans la vie du croyant nous explique : « C'est qu'il ne suffit pas, en effet, d'avoir reçu la puissance, encore faut-il – sous peine d'en être comme privé – la laisser se déployer, et cela en harmonie avec la volonté de Dieu. » Pour que le salut soit assuré, il nous faut rester vigilants et progresser toute notre vie. Le reste, bonheur, joie, paix, amour nous sera donné en surplus.

Chapitre 11

Pourquoi tant d'épreuves dans la vie du chrétien ?

Je n'ai pas manqué d'épreuves, médicales, professionnelles, conjugales ou autres. Ma vie en est marquée. Mais il n'est pas une épreuve que j'ai traversée qui n'ait eu pour résultat d'affermir, de développer, d'affiner ma foi. Mon expérience se veut un message d'encouragement à tous ceux qui vivent des épreuves, sans en comprendre le sens.

Souvent, le jeune chrétien vit un début de conversion enthousiasmant. Il découvre quelles que soient ses fautes, l'amour de Dieu, sa protection, son aide permanente. Je réagis toujours avec tendresse quand je constate comment le Seigneur prend soin de ses brebis lors de leurs premiers pas dans la foi. Mais progressivement, le Seigneur attendra du jeune converti une attitude de plus en plus digne d'un adulte. Et c'est souvent là que l'enthousiasme se refroidit, que les semences meurent sur le bord du chemin, faute d'un terrain préparé et plus accueillant.

Pourquoi l'épreuve ?

Le jeune converti s'imagine que devenir chrétien constitue un véritable passeport contre les épreuves et les tribulations.

Pourquoi ce Dieu tout-puissant, qui nous aime tant, permet-Il la mort d'un enfant, le cancer d'une mère de famille, les épidémies meurtrières (comme la grippe espagnole qui fait en 1918 plus de deux fois plus de morts que la 1re guerre mondiale), la faillite d'une entreprise (pensons à ces restaurateurs qui, lors de la crise du Covid-19, n'ont pas été autorisés pendant un an et demi à ouvrir leur lieu de commerce), les guerres régionales et mondiales ? La réponse à toutes ces questions existe dans la Bible. Dans sa lettre aux Romains, Paul écrit : « Toutes choses concourent au bien de ceux qui aiment Dieu, de ceux qui sont appelés selon son dessein ». (Rm 8.28)

Ce Dieu d'amour nous a tant aimés qu'Il a donné son fils unique pour que nous ayons la vie éternelle. Il attend donc de nous que nous soyons distincts des autres et il respecte le principe du libre arbitre. Il nous choisit, mais Il attend de nous que nous fassions notre part. Les épreuves et les tribulations que nous connaissons tous font partie de son plan. C'est le fameux processus de sanctification.

Dans sa Première lettre, Pierre déclare : « C'est ce qui fait votre joie, même si maintenant puisqu'il le faut, vous êtes pour un peu de temps attristés par diverses épreuves. Ainsi la valeur éprouvée de votre foi – beaucoup plus précieuse que l'or, qui est périssable et que l'on soumet pourtant à l'épreuve du feu – aura pour résultat la louange, la gloire et l'honneur lorsque Jésus-Christ apparaîtra ». (1 P 1.6-7)

Les épreuves forgent un caractère conforme à celui de Dieu. Nous en arrivons à être fiers de nos détresses, sachant que la détresse produit la persévérance, la persévérance la victoire dans l'épreuve, et la victoire dans l'épreuve l'espérance. (Rm 5.3-5) Mais il est important de reconnaître ses responsabilités. Si nous fumons comme un dragon depuis l'âge de 15 ans, et que nous développons un cancer du poumon, il serait mal venu d'en faire le reproche à Dieu ! Celui-ci utilisera même nos souffrances pour nous former et nous façonner en vue de ses desseins et pour notre bien.

Dans la première lettre aux Corinthiens, au chapitre 10, verset 13, on lit : « Aucune tentation ne vous est survenue qui n'ait été humaine, et

Dieu, qui est fidèle, ne permettra pas que vous soyez tentés au-delà de vos forces ; mais avec la tentation, il préparera aussi le moyen d'en sortir, afin que vous puissiez la supporter ». Et chez l'apôtre Jacques : « Mes frères et sœurs, considérez comme un sujet de joie complète les diverses épreuves auxquelles vous pouvez être exposés, sachant que la mise à l'épreuve de votre foi produit la persévérance. Mais il faut que la persévérance accomplisse parfaitement sa tâche afin que soyez parfaitement qualifiés, sans défaut, et qu'il ne vous manque rien (…) Heureux l'homme qui tient bon face à la tentation, car après avoir fait ses preuves, il recevra la couronne de la vie que le Seigneur a promise à ceux qui l'aiment ». (Jc 1.2-4, 12)

Simples réponses bibliques

« ... que l'épreuve de votre foi... devienne un sujet de louange, de gloire et d'honneur... » (1 P 1, 7)

Les épreuves et les difficultés nous sont utiles dans la mesure où elles nous apprennent à nous connaître nous-mêmes. Elles nous révèlent nos insuffisances et nos erreurs. Elles font partie du travail de dépouillement que Dieu doit accomplir en nous pour notre formation. Nous ne parvenons jamais à nous connaître nous-mêmes sans passer par l'épreuve. Alors, la foi et le courage qui se manifestent comme une grande flamme dans les moments d'enthousiasme retrouvent leur véritable niveau. Et l'âme, consciente de son impuissance et de son néant, se rejette sur Christ seul pour trouver tout en lui.

Les épreuves de Jacob l'ont amené à en avoir fini avec son « moi », avec sa propre volonté. Les afflictions de Job ont fait disparaître ses sentiments de propre justice et de confiance en lui-même.

La chute de Pierre a brisé son orgueil et sa trop haute estime de lui-même ; elle l'a amené à trouver sa force en dehors de lui, en Christ seul. C'est pour des raisons analogues que le Seigneur ne cesse de nous mettre à l'épreuve. Il travaille à nous convaincre que l'estimation de notre propre force est surfaite, et Il veut nous amener au point où nous pouvons dire en vérité : « Je ne vis plus, moi, mais Christ vit en moi. » (Gal 2, 20)

Quand Dieu nous fait passer par des situations difficiles et des épreuves, il agit en nous et pour nous, beaucoup plus que nous ne pouvons le penser. Les épreuves nous apprennent à découvrir les ressources de Dieu, à croire en Lui, à prier, à aimer, à avoir de la patience et du courage. Elles nous rendent aptes à aider les autres, elles sont des occasions de victoire. Les épreuves nous apprennent à découvrir les ressources de Dieu.

Ce n'est que dans les circonstances difficiles que nous apprenons à connaître que Dieu suffit à tout. Face à la mer Rouge, le peuple d'Israël devait d'abord se tenir tranquille ; c'est ainsi qu'il pouvait contempler la délivrance de l'Éternel (Ex 14,10-14). Ensuite, Dieu les a conduits dans le désert, endroit où toutes les ressources naturelles manquaient, afin de leur enseigner qu'Il était à même de subvenir à tous leurs besoins. Dieu devient réel pour nous dans la mesure où les besoins que nous ressentons sont comblés par Lui. Ainsi, chaque situation difficile est une occasion pour Dieu de révéler sa sagesse infinie, sa force et sa grâce. Dieu permet des difficultés dans notre vie, jusqu'au moment où Christ devient aussi réel que les larmes que nous avons versées, que les angoisses qui nous ont étreints, que les soucis qui ont paru nous écraser et les difficultés qui se sont dressées devant nous comme des montagnes.

La puissance de Christ habitait l'apôtre Paul et répondait à ses besoins parce qu'il avait un profond sentiment de son insuffisance et de sa faiblesse. C'est pourquoi il recevait avec joie chaque nouvelle situation difficile comme une occasion où le Seigneur lui disait : « Ma grâce te suffit, car ma puissance s'accomplit dans la faiblesse » (2 Co 12, 9).

Sommes-nous de ceux qui ont expérimenté que le Seigneur est suffisant pour toutes les circonstances de la vie ? Chacun peut-il proclamer devant le monde : « L'Éternel est mon berger ; je ne manquerai de rien... Même quand je marcherais par la vallée de l'ombre de la mort, je ne craindrai aucun mal ; car tu es avec moi » (Os 23, 1-4).

Les épreuves fortifient notre foi

Les épreuves sont le sol fertile où germe la confiance. Elles sont le stimulant divin qui exige et développe notre confiance dans la fidélité et l'amour de Dieu. L'aigle ne peut apprendre à ses petits à voler qu'en les poussant hors du nid et en les jetant dans les airs, où, livrés à eux-mêmes, ils ne peuvent que voler ou tomber. C'est à ce moment qu'ils apprennent à connaître la force non encore développée qui se trouve dans leurs petites ailes. Tandis qu'ils les agitent dans une lutte désespérée, ils trouvent le secret d'une vie nouvelle. Ils apprennent petit à petit à voler et à trouver leur chemin dans le ciel. Ainsi Dieu enseigne à ses enfants à déployer les ailes de la foi, en les poussant hors de leur nid, en enlevant leurs appuis et en les jetant parfois dans un abîme de détresse. À ce moment-là, n'ayant plus aucune ressource, ils doivent apprendre à mettre toute leur confiance en Dieu. Lui est prêt à les secourir, semblable à l'aigle qui étend ses ailes au-dessous de ses petits, afin de les porter sur ses plumes (Dt 32,11).

Nous avons toujours tendance à nous appuyer sur des choses visibles, et nous découvrons que c'est une expérience entièrement nouvelle de tenir debout sans appuis humains et de marcher avec un Dieu invisible. Mais c'est une leçon que nous devons apprendre si nos âmes veulent demeurer dans la paix de Dieu, où la foi est la seule raison de vivre et où Dieu est tout pour nous. Avec douceur et sagesse, Dieu adapte l'épreuve à nos faibles forces, puis, dans le but de les affermir, il peut nous conduire plus loin. « Dieu est fidèle, qui ne permettra pas que vous soyez tentés au-delà de ce que vous pouvez supporter » (1 Co 10,13). Nous confions-nous en Lui dans les difficultés de la vie, et nos forces augmentent-elles quand nous prenons notre part des souffrances comme de bons soldats de Jésus-Christ (2 Ti 2, 3) ?

Les épreuves nous apprennent à prier

Les épreuves nous contraignent à passer beaucoup de temps seuls avec Dieu. Elles ont conduit Jacob à s'incliner au torrent de Jabbok (Gn 32, 23-30). Elles ont enseigné l'auteur du psaume à trouver « la demeure secrète du Très-Haut » (Ps 91, 1). Elles ont produit dans la vie de l'apôtre Paul une dépendance de Dieu continuelle. Elles amènent à rechercher et à nourrir la communion avec Dieu, que nous apprenons à connaître. Elle devient notre ressource suprême et notre refuge.
Il est humiliant de constater que Dieu doit employer les souffrances et les épreuves pour attirer ses enfants sur son cœur. Trop souvent, le confort et les aises conduisent, du moins partiellement, à ne plus dépendre du Seigneur. C'est au moment où l'on exprime de tels sentiments – « Tu as regardé mon affliction, tu as connu les détresses de mon âme » (Os 31, 7) – que l'on se sent le plus près de Dieu.

Les épreuves nous apprennent à aimer

Dieu désire répondre à nos prières, mais Il veut aussi affiner et adoucir nos caractères, nous apprendre l'amour. Il permet parfois que nous soyons maltraités, que nous subissions des torts et des injustices, afin de nous apprendre à nous en remettre entièrement à Lui ; à reconnaître aussi que l'on n'a pas toujours su manifester cet amour qui supporte tout (1 Co 13, 7). Le Saint-Esprit nous montre ce qui nous manque et conduit à la source de l'amour. Et tandis que l'on apprend graduellement cette leçon humiliante, on est conduit dans des épreuves plus profondes, qui produisent quelques reflets de la grâce et de l'amour de Dieu.

Les épreuves nous enseignent la patience et le courage

À l'école de Dieu, on apprend patiemment à supporter l'adversité. Et la patience est un des plus beaux ornements de la vie chrétienne. Quand la patience a son œuvre parfaite, nous sommes « parfaits et accomplis, ne laissant rien à désirer » (Jc 1, 4). Mais les plus grandes leçons de la vie spirituelle sont souvent apprises à l'école de la douleur.

Quand nous faisons l'expérience de la grâce divine qui nous tient debout, les épreuves ôtent la crainte des souffrances et des douleurs. Par la force qui vient de Dieu, elles rendent capables de s'élever au-dessus de cette crainte, jusqu'à ce que l'on puisse envisager le combat et la victoire comme de bons soldats de Jésus-Christ.

Les épreuves nous rendent aptes à aider les autres

Quand on triomphe des difficultés avec l'aide du Seigneur, on montre au monde ce que Christ peut faire pour les siens et dans les siens, et Dieu est glorifié. Il désire que nous soyons « la lettre de Christ », « connue et lue par tous les hommes » (2 Co 3, 2-3). Alors, la vie des croyants devient la démonstration que Christ peut garder les siens en toute situation et que la puissance de sa grâce est suffisante pour chaque détresse humaine.

Les épreuves rendent capables d'aider les autres au moyen des leçons que l'on a soi-même apprises (2 Co, 1, 3-4). Un cœur auquel il manque de la sensibilité et de la maturité n'est guère en état de consoler, d'aider et d'être en bénédiction à ceux qui souffrent. Dieu doit d'abord produire en nous ce qu'il désire voir transmettre à ceux qui nous entourent. Une épreuve difficile et douloureuse prépare à réconforter, à encourager et à fortifier les âmes que Dieu fait rencontrer.

On peut rendre témoignage : Je suis passé par là et je peux vous dire par expérience : « Mon Dieu comblera tous vos besoins selon ses richesses en gloire dans le Christ Jésus » (Ph 4 : 19).

Les épreuves sont des occasions de victoire

Si, au travers de l'épreuve, la grâce de Dieu amène à la victoire, elle prépare aussi des couronnes impérissables. Quand l'Histoire de ce monde sera passée et oubliée, les résultats éternels de nos épreuves brilleront pour la gloire du Seigneur, dans les nouveaux cieux et la nouvelle terre.

Cherchons-nous à apprendre quelque chose de nos afflictions ? Pensons-nous aux « couronnes » par lesquelles Dieu veut nous encourager ? Cherchons-nous à tirer des épreuves présentes tout ce que Dieu a en réserve pour notre bien ? Avons-nous le désir d'être « plus que vainqueurs par celui qui nous a aimés » (Rm 8, 17) ? Sommes-nous disposés à prendre notre part des souffrances, comme de bons soldats de Jésus-Christ (2 Ti 2, 3) ? Si oui, nous l'entendrons dire un jour : « Bien, bon et fidèle esclave... entre dans la joie de ton maître » (Mt 25, 21).

Que faire quand Dieu ne répond pas ?

Ma vie mouvementée m'a appris que si Dieu entend toujours, il ne répond pas à tous les appels, en tout cas pas de la manière attendue. Pendant presque 3 ans, que ce soit pour mes finances ou pendant 8 ans pour mon couple, j'ai crié à Dieu avec cet argument « Tu m'avais promis de t'occuper de mes problèmes matériels » alors que j'avais tout perdu à cause de mon AVC... « Tu m'avais promis de t'occuper de mon couple... » alors qu'après deux ans de séparation, Brigitte était revenue sans précipitation.

Fin 2013, ma situation financière se détériorait aussi vite que le Deutsche Mark face au dollar dans les années 1930, et notre couple allait plus mal qu'avant notre séparation. Dieu voulait m'enseigner deux choses : d'une part, que le temps de Dieu n'est pas celui des hommes et d'autre part, qu'il n'y a pas plus sourd que le Maréchal qui ne veut pas entendre ! Il m'a ainsi appris que je devais compter sur Lui et pas sur les hommes, ni sur moi-même pour mon couple, et que l'or et l'argent Lui appartiennent. Je ne me gênais pas pour réclamer l'exécution de ses promesses, mais j'oubliais mes propres promesses lors de ma nouvelle naissance : le vieil homme égoïste et colérique avait laissé la place à une nouvelle créature qui ne pensait qu'à lui. Un père normal, comme moi, se serait fâché, aurait sévi. Lui a été patient et savait que la leçon ne porterait ses fruits que si j'en découvrais moi-même la portée[9].

---

[9] Ce chapitre consacré aux épreuves dans la vie du chrétien a été inspiré du livre de Walter H. Beuttler, *À l'école de Dieu*, Viens et Vois, 1982.

Conclusion

Arrivé au bout de cet ouvrage, je ressens une grande joie. Je sais que j'ai été soutenu spirituellement par le Seigneur. Je crois vraiment que ce livre peut apporter du réconfort à ceux qui souffrent, des réponses à ceux qui cherchent, de l'espoir à ceux qui sont découragés. Comment en effet hésiter à croire que ce Dieu qui guérit d'une maladie très grave, qui ressuscite un couple moribond, qui veille sur nous à chaque instant de notre vie, ne pourrait venir au secours de notre foi faiblissante ?

Dans l'Épître aux Romains, Paul dit : « Nous savons, du reste, que toutes choses coopèrent au bien de ceux qui aiment Dieu, de ceux qui sont appelés selon son dessein. » (Rm 8, 28)

Jamais je n'aurais cru possible de traverser une épreuve aussi dure, aussi douloureuse que mon AVC, et pouvoir un jour en remercier sincèrement Dieu. Il a fallu cet accident pour briser ma résistance, mon orgueil, ma dureté de cœur. Dans la première version de ce livre, j'avais écrit : le plus beau jour de ma vie est le 5 mai 2006, jour où j'ai été victime d'une hémorragie massive du tronc cérébral, plus connue sous le nom d'AVC. Jamais je n'aurais imaginé que grâce à cet accident, j'allais enfin vivre dans l'intimité de Dieu, Le découvrir, et trouver un vrai sens à ma vie.

Loin de moi l'idée d'affirmer qu'aujourd'hui je suis quelqu'un de parfait. Mais le vrai travail a pu commencer et je sens que je suis en perpétuelle évolution vers un homme nouveau. Bien sûr, le « vieil homme » qui est en moi se rebiffe, veut retrouver toute sa place, mais avec l'aide de Dieu, il finira par mourir et je serai ce jour-là entièrement libéré. Que cette grâce me soit donnée avant que d'autres personnes n'aient à souffrir de mes imperfections ; épouse, enfants, amis.

Au soir de ma vie, j'aimerais dire comme le navigateur Olivier de Kersauson (« grande gueule » mais homme vrai) :« Le jour où je vais disparaître, j'aurai été poli avec la vie car je l'aurai bien aimée et beaucoup respectée. Je n'ai jamais considéré comme chose négligeable l'odeur des lilas, le bruit du vent dans les feuilles, le bruit du ressac sur le sable lorsque la mer est calme, le clapotis. Tous ces moments que nous donne la nature, je les ai aimés, chéris, choyés. Je suis poli, voilà. Ils font partie de mes promenades et de mes étonnements heureux sans cesse renouvelés. Le passé c'est bien, mais l'exaltation du présent, c'est une façon de se tenir, un devoir. Dans notre civilisation, on maltraite le présent, on est sans cesse tendu vers ce que l'on voudrait avoir, on ne s'émerveille plus de ce que l'on a. On se plaint de ce que l'on voudrait avoir. Drôle de mentalité ! Se contenter, ce n'est pas péjoratif. Revenir au bonheur de ce que l'on a, c'est un savoir vivre[10]. »

J'espère enfin que vous aurez retiré de ce livre un formidable espoir : Oui, la vie est belle ! Mais surtout, vous pouvez vivre éternellement. Croyez, convertissez-vous, soyez baptisés. Voilà les trois clés de la vie éternelle.

---

[10] Olivier de Kersauson, *Promenades en bord de mer et étonnements heureux*, Le Cherche-Midi, 2016

Remerciements

C'est avec émotion que je rédige ces quelques lignes pour remercier ceux sans qui ce livre n'aurait jamais vu le jour.

C'est surtout à Jonathan Boulet d'abord, et à Pierre Chausse, mes éditeurs, que va ma reconnaissance. La rédaction et surtout la publication d'un ouvrage sont une aventure dans toute l'acception du terme : le rédacteur rêve que son ouvrage va s'arracher, que des centaines de milliers d'exemplaires vont être vendus, et il se prend à imaginer, honneur suprême, qu'il est récompensé d'un prix prestigieux ! Bref, il bâtit des châteaux en Espagne… ignorant que c'est son éditeur qui percevra les loyers (clin d'œil à mon ami Pierre qui m'a si fidèlement suivi dans mes rêves) !

La réalité est bien plus terre à terre. Déjà faut-il réussir à faire partie des 2 % qui verront leur livre accepté par un comité de lecture. Quant au succès du livre, il sera rarement à la hauteur des rêves de l'auteur…

Merci à Raphaëlle qui aura débarrassé le projet initial de ses escarbilles et façonné le texte brut de façon à le rendre publiable et accessible au commun des mortels.

Merci à Xavier, mon cardiologue et ami, qui m'a très discrètement soutenu depuis que je le connais, qui a deviné mes craintes, mes découragements, et mon caractère perfectionniste, et a été un précurseur au niveau du traitement de cette maladie complexe qui m'affecte depuis plus de trente ans. À Robert Dion et à Xavier Dechenne, je dois d'avoir pu livrer des combats a priori désespérés, et de les avoir gagnés.

Merci enfin à Brigitte, mon épouse, qui m'a soutenu avec une discrétion que je ne lui connaissais pas, quand la révélation de graves et soudaines évolutions de ma maladie me faisait mettre un genou par terre. Elle est pour beaucoup dans mes victoires contre les dérèglements génétiques qui m'ont affecté depuis toujours.

Mais avant tout, merci à ce Dieu qui m'a guéri plusieurs fois miraculeusement, qui m'a guidé, qui a supporté mes dérapages, qui m'a appris la patience, la persévérance et la foi, et enfin qui a veillé sur moi depuis le premier jour de ma vie. Le plus beau témoignage que j'ai entendu me vient d'un ami officier de ma promotion, athée incorrigible (pour l'instant) qui, cinquante ans après notre passage à l'École Militaire, m'a un jour déclaré : « J'ai toujours vu la main de Dieu sur ton épaule. » Oh ! Quelle déclaration encourageante venant d'un étranger à ces notions spirituelles que j'ai recherchées durant toute ma vie ! Ce jour où mon ami m'a fait cette révélation surprenante, j'ai découvert une des multiples facettes de ce Dieu qui, avec le temps, est devenu mon meilleur ami : sa discrétion et sa présence de tous les instants, avant même que j'aie pris conscience de son existence.

Table des matières

Achevé d'imprimer en novembre 2021
sur les presses de
La Manufacture - Imprimeur – 52200 Langres
Tél. : (33) 325 845 892

N° imprimeur : 211079 - Dépôt légal : novembre 2021
Imprimé en France